世界一よくわかる坂本龍馬

山村竜也

祥伝社黄金文庫

はじめに

坂本龍馬《さかもとりょうま》が暗殺されず、明治時代を生きていたら、いったい何をしていたでしょうかと聞かれることがある。

龍馬自身が生前に西郷隆盛《さいごうたかもり》に対して、「世界の海援隊でもやるかな」と語ったという逸話から考えれば、商業の分野に進み、世界を相手に大きな商売をしていたとも思われる。

実際、土佐の同志の板垣退助《いたがきたいすけ》は維新後、「龍馬がもし長生きしていたら、薩摩の五代才《ごだいさい》助《すけ》や、土佐の岩崎弥太郎《いわさきやたろう》のように商業で成功していただろう」と龍馬を評した。

幕末に龍馬とも弥太郎ともつきあっていた板垣がいうのだから、その見立てはかなりいい線を行っているといえるだろう。もしかすると、弥太郎がおこした三菱商会を上まわる会社を、龍馬は作ったかもしれない。

しかし、龍馬と弥太郎の大きな違いは、商人に徹することができるかどうかにあった。

弥太郎はご存じのように、商人一筋に後半生を送ったが、龍馬がもし生きていたらどうしただろうか。

私は、龍馬は商人に徹することはできなかったのではないかと考えている。龍馬には個人の利益よりも、日本がどういう国になるかのほうが大事だったと思えるからだ。

だからたとえば、いったんは商業界に転出したとしても、明治政府が迷走して日本が危機に瀕するようなことになれば（実際にそうなったが）、必ず日本の真ん中に戻ってきて混乱の収拾につとめる。それが龍馬という人だった。

また龍馬は、生前に妻のお龍《りょう》にこう語っていた。

「ひと戦争すめば、山中へ入って安楽に暮らすつもり。役人になるのは俺はいやじゃ」

維新がなるまでは全力を尽くして働くが、成就したあとは政治家にはならずにのんびりしたいというのが、龍馬のひそかな願いでもあった。

しかし、だからといって日本が危機におちいっているのに、それに背を向けて安穏としていられるかといえば、そんなことのできる龍馬ではなかった。

いったんは入った山から下りて、日本の軌道修正に力を尽くし、それがなるまではたとえ本意でなかったとしても俗世間に身を置いていてくれる。龍馬はそういう人だった。

何よりも日本のことを第一に考え、自分のことは後まわしにする。この私利私欲のなさが龍馬の大いなる魅力なのだ。

そんな龍馬であるからこそ、私たちは惹《ひ》かれ、時空を越えて多くの人々に愛される存在となっているのである。

二〇一八年のNHK大河ドラマ「西郷《せご》どん」では、人気俳優の小栗旬《おぐりしゅん》さんが龍馬役ということで、大きな話題を呼んだ。私も同番組の資料提供として考証に携《たずさ》わったが、好きな龍馬のことを考証して番組制作に貢献できるというのは、うれしいことである。

本書『世界一よくわかる坂本龍馬』は、龍馬のことを誰にでもわかりやすく書いたつもりであるので、私同様に龍馬を愛してやまない方々はもちろん、ドラマなどによって新しく龍馬に興味を持った方々にも、ぜひ手に取っていただきたいと思う。

明治維新から一五〇年目の初夏に

山村竜也

世界一よくわかる坂本龍馬——目次

第一章　龍馬と剣　13

第二章 龍馬と海 105

第三章

龍馬と革命

185

装幀　フロッグキングスタジオ
カバー写真　高知県立歴史民俗資料館
写真協力　東京龍馬会
系図作製　ＪＩＡＲＴ

［第一章］

龍馬と剣

龍馬の写真の謎

坂本龍馬には、広く知られている一枚の写真がある。

慶応三年（一八六七）一月ごろ、長崎で撮影されたといわれるものだ。撮影者は、写真に写った特徴ある演台から考えて、当時長崎で開業していた写真師・上野彦馬《うえのひこま》と推定される。

ぼさぼさの髪に、折り目のないよれよれの袴《はかま》、舶来のブーツをはき、右手をふところに入れ、かたわらの演台にゆったりと寄りかかっている。しかしそのまなざしは、まるで日本の明日を見据えるかのように、斜め十五度の方角を凝視している。

そのたたずまいは、幕末期に撮られた多くの人物写真のなかでも、群を抜いてさまになっている。「英雄」とはまさにこういう人かと思わせるほどのものだ。

しかし、よく見るとこの写真には、不自然な点があることに気づかされる。

龍馬は、刀を持っていないのだ。

確かに、腰には脇差代わりの短刀を帯びているが、肝心の大刀が見あたらない。当時の

坂本龍馬が写真に託したメッセージとは？
（高知県立歴史民俗資料館蔵）

武士が常に大小二本の刀を腰に帯びていたことはいうまでもないが、写真撮影のさいにも当然そのままの姿で写されるものだった。

人によっては、大刀だけ腰から鞘《さや》ごと抜き、手に持つ形で写っている場合もある。そういうふうに撮影用の小道具として使う場合にも、大刀は欠かせないものだった。にもかかわらず、龍馬は大刀を腰に帯びることもなく、手に下げることもしていない。これは、どういうことなのだろうか。

私も、多くの幕末の武士の写真を見てきたが、大刀を持たずに写っている人物など、まず見たことがない。皆無に近いといってもいい。いったいなぜ龍馬は刀を持たずに被写体となったのだろうか。

あるいはこれは、龍馬からのメッセージだったのではないか。

龍馬というのは、徳川幕府を倒すさいにも、極力武力を用いずに倒すことを考えた人だった。その穏やかな志向が、大政奉還という日本史上例を見ない無血革命をなしとげる結果となった。

幕末期には多くの倒幕派の志士があらわれたが、龍馬のように無血革命にこだわる者は一人としていなかった。ただひとり、龍馬だけが無血にこだわり、平和にこだわった。

写真撮影のさいに、刀をあえて持たなかったのは、武力をできるだけ用いずにいたいという、龍馬の思いが込められた行為だったのではないだろうか。

刀で人を斬ったり斬られたりするような世の中は、もうじきに終わる。いや、自分が終わらせてみせる。そんな思いが、龍馬に刀を手放させることになったのではないか。

龍馬の写真を見ていると、そんな平和を願う彼からのメッセージが伝わってくるように思えるのである。

誕生伝説を探る

坂本龍馬は、天保六年（一八三五）十一月十五日、土佐高知城下本町《ほんちょう》一丁目の郷士《ごうし》坂本家に誕生した。父は八平《はちへい》、母は幸《さち》。五人兄妹のうちの二人目の男子だった。

龍馬は生まれたときから変わっていた。背中に獣のような毛が生えていたのである。そのため、おとなになってからも他人に肌を見せるのを恥じ、風呂に入るときも決して他人を近づけようとしなかったという。

これについて、龍馬の最初の伝記本である『汗血千里駒《かんけつせんりのこま》』（明治十六年・坂崎《さかざき》紫瀾《しらん》）には、猫好きであった母の幸が妊娠中に雄猫を抱いて腹の上で寝させていたりしたので、胎児に感染して獣のような毛が生えたともいうと記されている。

そのようなことがあるはずもないが、昔の人はこういう猟奇的な話が好きだった。伏姫と犬の八房が通じた、滝沢馬琴の『南総里見八犬伝』しかりである。

それはともかくとして、『汗血千里駒』には、龍馬の誕生にまつわるもう一つの伝説を載せている。

龍馬が生まれる前夜のことだ。幸がこんな不思議な夢を見たという。庭の梅の木の梢から蛟龍《こうりょう》（龍の子）が現れて天高く昇り、その口から吐いた赤い炎が幸の胎内に入ったというのである。

龍というのは、架空の動物だったが、縁起のいいものと考えられていたから、幸の見た夢は吉夢として家族から喜ばれた。それで、その夢にちなんで、生まれた子に「龍馬」という名がつけられたというのだった。

背中の毛と龍の夢、この二つの奇談は、『汗血千里駒』以降に成立した龍馬の伝記類、すなわち、『阪本龍馬』（明治二十九年・弘松宣枝《ひろまつのぶえ》）、『維新土佐勤王史』（大正元年・瑞山《ずいざん》

坂本龍馬は天保６年、現在の高知市上町に生まれた

会)、『坂本龍馬』(大正三年・千頭清臣《ちかみきよおみ》)、『雋傑《しゅんけつ》坂本龍馬』(昭和二年・坂本中岡銅像建設会)などすべてに書かれており、龍馬の誕生にまつわる欠かせない逸話となっている。

ただ、龍の夢のほうは、伝記が刊行されるにつれて話がしだいに大げさになっていくところが興味深い。右の『雋傑坂本龍馬』に至っては、父八平が、黄金の馬が天から駆け下りてきて懐に入る夢を見て、母幸が、小さな龍が口から吐いた炎が胎内に入る夢を見たことから、龍と馬を合わせて子に龍馬と名づけたことになっているのだ。

これは、取材が進んだ成果としてそうなったのかもしれないが、父の夢まで登場するのは、やはり行き過ぎの感もある。ここは、初出の『汗血千里駒』にあるように、母が見た龍の夢によって「龍馬」と名づけられたととるほうが自然といえるだろう。

ただ、そもそもこうした劇的な話というのは実話なのか。後世の作り話という可能性はないのだろうか。

その点については、興味深い記録が残っている。龍馬がのちに作った海援隊に安岡金馬《やすおかかねま》という隊士がいたが、その息子の安岡秀峰《しゅうほう》が維新後に関係者に取材して書いた「反魂香《はんごんこう》」という記事(明治三十二年・雑誌『文庫』に連載)だ。そのなかに、このような部分がある。

龍馬の名も其夢に基いたので其時に母が
　家の風吹き起すべき武士《もののふ》の
　　名は雲井にも龍の夢とや
と詠れて、此子は必ず家の名を揚るに違ひ無いと云はれたそうです――

ここに、幸が詠《よ》んだという和歌が出ている。家運を開くべき武士の名は、空に泳ぐ龍の夢にちなんでつけられたという意味だ。和歌まで残っているとすれば、龍馬の名が母の夢に由来していることは、もはや疑いようもない。

もちろん安岡秀峰の取材に誤りがないとはいいきれないが、この歌はこれまであまり顧みられていなかった。母の夢が事実であったことを証明しうる材料として、ここに掲げておきたい。

なお、龍馬の名が母の夢に由来していることが証明された場合、自動的にもう一つの問題も解決されることになる。

それは、龍馬の幼名のことだ。

ふつう武士は、生まれたときに幼名がつけられて、元服した段階で正式な名に改めることになっている。例をあげれば、龍馬の友人の武市半平太《たけちはんぺいた》は幼名を鹿衛といった。半平太は元服時に名乗った名である。

しかし、龍馬の名が母の夢に由来しているとするならば、龍馬は生まれたときから龍馬と名乗っていたことになる。幼名はなかったということになるのである。

確かに、身分の低い土佐藩の郷士では、幼名を持たない者も多かったから、龍馬に幼名がなかったとしても決して不自然ではない。龍馬の場合、もともと龍馬という名だったのだろう。

そうしてみると、龍馬という英雄にふさわしい佳名を生まれながらにして与えられていたのは、両親が意識するとしないとにかかわらず、はじめから龍馬は英雄になることを運命づけられていたということになるのかもしれない。

土佐藩と郷士

龍馬が郷士坂本家に生まれたことは前述したが、この郷士という身分について、土佐藩の場合はかなり独特な制度であるので、ここで説明しておきたい。

慶長五年（一六〇〇）の関ヶ原の戦いの戦功によって、山内《やまうち》家が土佐に入国し、それまでの支配者であった長宗我部《ちょうそかべ》家の武士は農民の身分に落とされた。しかしその後、山内家は長宗我部旧臣の反山内の感情を抑えるため、一部の者を土地開墾の義務を与えるかわりに藩士に取り立てることとした。

この政策によって藩士となった者を「郷士」と称したのである。山内家にとっては、長宗我部旧臣の懐柔と、土地の開墾という二つの課題を一度に解決できる名案ということができた。

慶長十八年（一六一三）から始まった郷士の募集は、最初のころは長宗我部旧臣に限定して行われたが、のちには出身を問わない取り立ても行われるようになった。すると、城下の商人らが武士の身分を手に入れようとして、続々とこれに応募したのである。

彼らは町人郷士と呼ばれ、龍馬の家は、まさにこの町人郷士にあたっていた。郷士の格を取得する以前の坂本家は、才谷屋《さいだに》という城下有数の商家で、龍馬の曽祖父にあたる八郎兵衛（直益《なおます》）という人の代に郷士格を得たものだった。

明和七年（一七七〇）に郷士の格を取得した八郎兵衛は、翌八年五月、長男の兼助（直《なお》海《み》）を郷士坂本家として独立させ、次男の八次（直清《なおきよ》）には才谷屋のほうを継がせた。ここに、本家の才谷屋、分家の坂本家という関係ができあがったのである。

兼助の跡を継いで、坂本家二代目当主となったのが長男の八蔵（直澄）。この八蔵には男子がなかったため、一人娘の幸に潮江村の白札《しろふだ》山本家から婿を迎えて跡継ぎとした。これが八平、すなわち龍馬の父である。

文化十三年（一八一六）に三代目当主として家督を継いだ八平は、父八蔵から引き継いだ坂本家の役目を実直につとめ、藩から褒美を与えられるほどの精勤ぶりをみせている。ところで、坂本家の役目とは具体的にはどのようなものだったのだろうか。これは意外に知られていないので、整理してみよう。

まず、本来の郷士としての役目だが、これは前述したように土地を開墾することにあり、新田三町（三十石）以上を拓くことが義務とされていた。三代にわたって開墾に尽くした坂本家では、八平の代には百六十一石八斗四升の土地を領知（領地）として有していた。郷士が個人所有できる領知は二百石が上限と決められていたから、坂本家は限度に迫るほどの石高を持っていたことになる。

なお、その領知は土佐国内に幅広く分布しており、高須、西野地、柴巻、西分、小浜、山田、野地、福井、吉原、穴内、三谷、久礼田といった地域に広がっていた。城下に住む坂本家としては不便であったようにも感じるが、必ずしも坂本家の者が出向いていたわけではなく、現地の農民を雇って耕作させていたものである。

そして、坂本家にはもう一つ、御用人としての役目があった。

これは、郷士のなかでも有力な者に藩の下級の役職を担わせた制度で、郷士御用人と称され、通常の郷士よりも格上とされた。坂本家も、初代兼助が天明四年（一七八四）に選ばれて任じられ、以後、八蔵、八平と、この郷士御用人をつとめあげている。

仕事の内容は、火之守廻番（城下の火の用心役）、蔵役（米蔵の番人）など多岐にわたったが、八平は天保五年（一八三四）からは御廟所番をつとめている。これは要するに墓守りの仕事で、山内家の廟所（墓地）がある潮江村の要法寺に詰めて、代々の藩主の墓を守った。

郷士御用人としての俸禄は、五石三人扶持でしかなかったが、土地開墾のみを役目とする通常の郷士にくらべれば、藩の役職を直接つとめているというよろこびがあった。郷士は藩内に九百人ほどいたが、郷士御用人はわずか二十〜三十人ほどしかいない。その点では坂本家の者には、低い身分のなかにあっても選ばれた者としての優越感があったことだろう。

坂本家の人々

龍馬が生まれたとき、父の八平は三十九歳。母の幸は三十八歳。長兄の権平《ごんぺい》はすでに二十二歳になっており、その下に十九歳の千鶴《ちづ》、年齢不詳の栄《えい》、四歳の乙女《とめ》といった三人の姉があった。

父の八平が潮江村の白札山本家から養子に入った人であることは前述したが、この白札というのは、土佐藩の上士と下士の中間に位置する身分だった。つまり、下士に属する郷士よりも上の身分であったわけであり、そういう家から養子を迎えることができたのは、

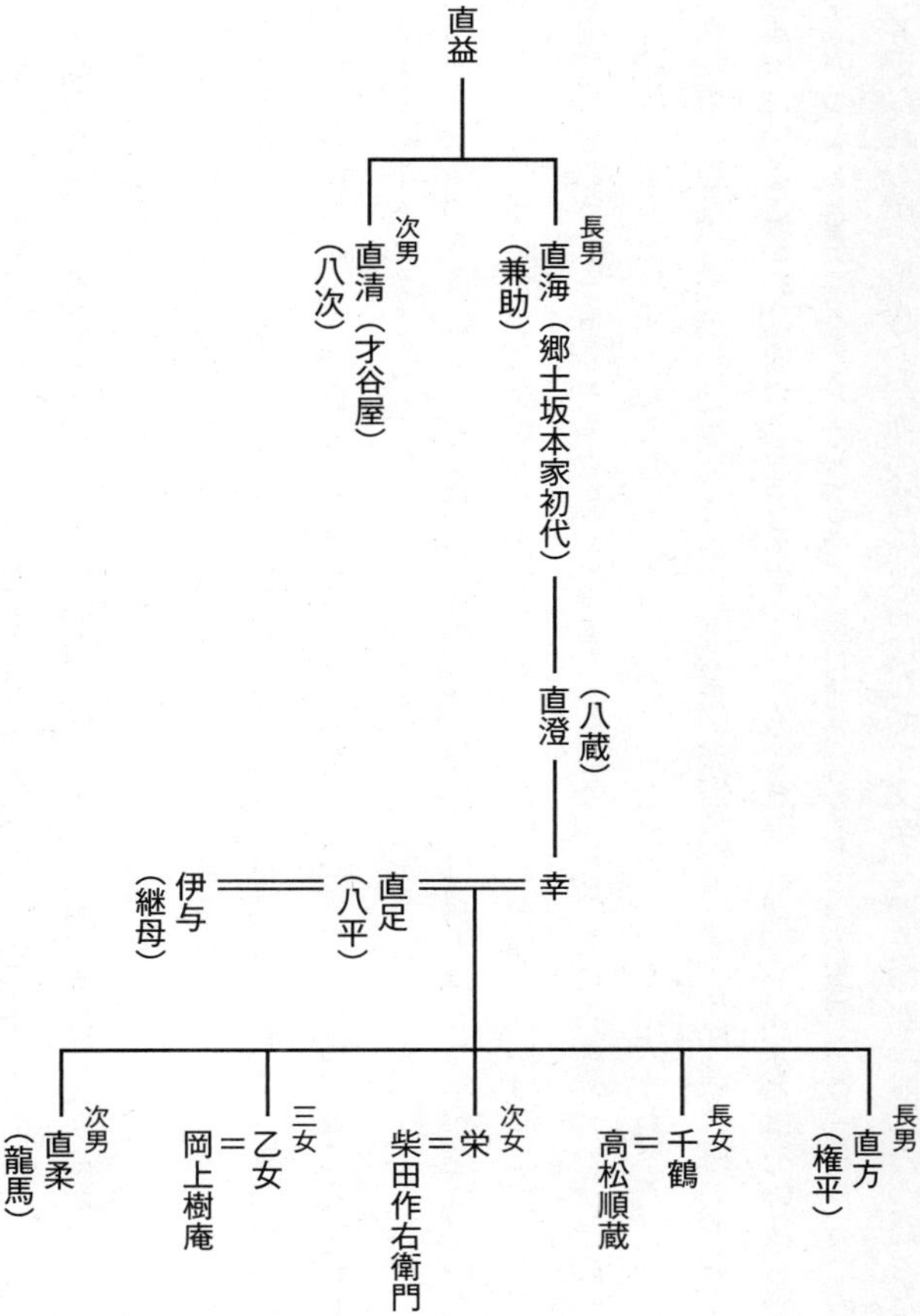
直益
長男 直海（郷士坂本家初代）（兼助）
次男 直清（才谷屋）（八次）
直澄（八蔵）
幸
直足（八平）
伊与（継母）
長男 直方（権平）
長女 千鶴＝高松順蔵
次女 栄＝柴田作右衛門
三女 乙女＝岡上樹庵
次男 直柔（龍馬）

坂本家略系図

坂本家としてはめでたいことといえた。人となりについても八平は真面目で、弓や槍は免許皆伝の腕前、能書家で和歌に通じていたと伝わっている。また背丈が高かったといい、龍馬の長身はこの父譲りであったようだ。

龍の夢の伝説を残した母の幸は、美しく賢い女性であったという。五人の子どもたちをときには厳しく、ときには優しく育《はぐく》み、教育した。名前の読み方は、前出の『汗血千里駒』によれば「こう」であり、「反魂香」によれば「さじ」である。どちらが正しいかはにわかには判断しがたい。

幸が十七歳のときの子である長男の権平は、龍馬とは親子ほども年が離れていたから、あまり兄という感じがしなかったかもしれない。八平と同様、性格は温厚実直で、和歌に通じていたほか、三味線や一弦琴をつま弾くような風流なところもあった。その一方で、西洋砲術のような武張ったことにもたけており、なかなかできた人物だった。

長女の千鶴は、龍馬が幼少のころに安芸郡安田村の郷士高松順蔵《たかまつじゆんぞう》に嫁いでいたから、坂本家にいるころの印象はあまりなかったかもしれないが、高松家とはその後も親戚として深いつきあいが続くことになる。なお名前の読み方は、「ちづ」と「ちづる」の二通りが考えられるが、当時の女性の名は仮名にして二文字というのが一般的だったことから、

坂本家の墓所は高知市山手町にある

「ちづ」であるほうが可能性が高いだろう。

次女の栄は、城下築屋敷《つきやしき》の徒士《かち》・柴田作右衛門に嫁いだのちに離婚し、弘化二年（一八四五）に没している。龍馬が十一歳のときである。一説に、龍馬が脱藩するさいに家伝の刀を渡した人物ともいわれるが、そのときにはすでに死亡していることは明らかなため、誤伝に過ぎないものと思われる。

そして、龍馬のすぐ上の姉が三女の乙女。名前の読み方は「おとめ」ではなく、「とめ」というのが正しい。「お仁王さま」と呼ばれるほどの体格の持ち主で、文武の道にたけた男まさりの女性だった。

また、『太閤記』、『三国志』、『八犬伝』といった講談本が好きで、城下の貸本屋から借りてきては愛読していた。記憶力がよかったから、一度読めば内容の大筋は暗記してしまい、それをよく三歳年下の龍馬に話して聞かせたと伝わっている。

安政三年（一八五六）ごろ、本町二丁目の医師岡上樹庵《おかのうえじゅあん》に嫁いだが、一子をもうけたのち、文久年間ごろに離婚。坂本家に戻っている。

このほかに坂本家には、権平の妻の千野《ちの》がいた。南奉公人町の郷士・川原塚《かわらづか》家から嫁いできたもので、長女春猪《はるい》と長男富太郎《とみたろう》（早世）を生んだが、安政五年（一八五八）に三十八歳で没した。

龍馬にとっては姪にあたる春猪は、天保十四年（一八四三）生まれ。姪とはいっても八歳しか違わないので、龍馬は妹のようにかわいがっていた。

龍馬の家族はほぼ以上のようであった。

ほかに何人かの使用人を抱えた坂本家の家屋は、城下本町一丁目南側に位置していた。ちなみに、そこから少し西へ行った三丁目南側には、本家の才谷屋があった。

才谷屋は、幕末のころは質屋と仕送屋を営む城下有数の豪商だった。仕送屋とは、武士の禄を金銭に換える業者のこと。本家才谷屋と分家坂本家は、場所が近かったこともあり、日ごろから両家の者は何かにつけて行き来していたことだろう。

少年のころの龍馬も、気安く本家に遊びにいったりして、自然に商売というものの雰囲気になじんでいたことが想像されるのである。

愚童と呼ばれた少年

少年のころの龍馬には、いい話がまったく伝わっていない。それどころか、無口で、臆病で、愚か者のようにも見え、十歳を過ぎても寝小便が直らなかったというのである。周囲の者は、陰で龍馬のことを「洟垂《はなた》れ」と呼んでいたが、これは当時の土佐の方言で、「痴児」という意味があったという。それぐらい少年時代の龍馬は、さえない子どもだった。

弘化三年（一八四六）、十二歳のとき、小高坂《こだかさ》村の楠山某の学塾に入学した龍馬だったが、そこでもやはりふるわなかった。勉強は一向に進まず、そのことを学友たちにからかわれて、たびたび泣きながら家に帰ったものだった。

学友のなかに堀内という少年がいて、ある日、龍馬と口論になった。かっとなった堀内は、刀を抜いて龍馬に斬りかかったが、龍馬はあわてず、近くにあった文庫のふたを手にとって、刀から身を守ったという。

驚いた学友たちは堀内を抱きかかえ、龍馬を逃れさせたうえで、師匠楠山に騒動の顛末《てんまつ》を報告した。聞いた楠山は、「非は堀内にあり」といって、ただちに堀内を塾から退学させた。

しかし、龍馬の父八平は騒動後に楠山のもとを訪れ、

「龍馬にも罪がなかったわけではない」

といって、喧嘩両成敗を求めた。龍馬がもっとしっかりした子どもであったなら、こんな騒ぎを引き起こすこともなかったと考え、ついにみずからわが子を退学させてしまったのだった（千頭清臣『坂本龍馬』）。

この一件で見切りをつけたのだろうか、その後、八平は龍馬を学塾に通わせることはしなかった。もちろん公立の藩校で学ぶこともできなかったから、龍馬は、ついにおとなになるまで学問をする機会に恵まれなかったのである。

そんな失意の龍馬を、さらなる悲しみがおそった。

この年の六月十日、最愛の母幸が病のために没したのだった。まだ四十九歳、早すぎる死であった。

頼りない少年であった龍馬を、誰よりも愛した人が幸であったことは想像に難くない。洟垂れと呼ばれて馬鹿にされていたわが子を、幸だけは見捨てず慈《いつく》しんだ。十二歳の龍馬

の悲しみは、どれほどであっただろうか。

しかも数え年の十二歳は、満年齢に換算した場合、その年の誕生日が来ていなければ、十歳にしかなっていないことになる。まだ十歳の龍馬には、母との別れはなおのこと酷なものであっただろう。

ちなみに、妻を亡くした八平は、このあと郷士北代《きただい》家の娘・伊與《いよ》(伊与)を後妻に迎えている。伊與も前夫に先立たれた後家であったが、坂本家に来てからはよく八平に仕え、家を守ったと伝えられる。

この伊與も、もちろんその後の龍馬の成長には欠かせない人だったが、それよりももっと大きかったのが、三歳年上の姉・乙女の存在だった。悲しみに沈む龍馬を励まし、まるで母親がわりのように育ててあげたのは、この乙女だったのである。

乙女が、軍書や講談本を好んだことは前述したが、それで、いつも古今の英雄たちが活躍するようすを龍馬に語って聞かせ、おとなしい子どもだった弟をなんとか男らしくさせようとした。

そんな乙女の世話になったころのことを、龍馬はのちのちまでも忘れず、こう語っていたという。

「俺は若いとき親に死に別れてからは、乙女姉さんの世話になって成長《ふと》ったので、親の恩より姉さんの恩が大《ふと》い」（『千里駒《せんりのこま》後日譚《ごじつのはなし》』）

龍馬にとって、乙女の存在は、かけがえのないほど大きなものだったのである。

小栗流剣術に入門

龍馬を学塾から退学させた八平は、わが子の教育方針を変えることにした。龍馬が学問に向いていないことを知り、それならば剣術を本格的に学ばせようと思ったのである。

あるいは八平は、学友との喧嘩のさいに、抜刀した相手を文庫のふたなどでかわした龍馬の意外な敏捷《びんしょう》さに注目したのかもしれない。ぼうっとしてばかりいると思ったわが子が、体を動かすことでは決して他人にひけをとらないものを持っていた。そこにわずかでも可能性を見いだしたのかもしれなかったのである。

嘉永元年（一八四八）、十四歳になった龍馬は、城下築屋敷に小栗《おぐり》流剣術の道場を開く日根野弁治《ひねのべんじ》に入門した。築屋敷は坂本家からほど近い場所で、そこならば通うのにも便利ということでもあっただろう。

小栗流は、戦国時代に徳川家康の家臣の小栗仁右衛門《にえもん》によって創始された武術で、剣術、和術《やわら》（柔術）のほか、居合、槍法、騎射、長刀、水泳、水馬などの諸武芸を総合したものだった。のち、門人の土佐藩士朝比奈半左衛門が二代目を継いだことから、朝比奈によって小栗流は土佐に伝えられた。

以後、小栗流は土佐でも五本の指に入る流派として成長し、幕末期の藩校である致道館で教授する剣術流派のなかに、無外流《むがい》、一刀流《いっとう》、神影流《しんかげ》、大石流《おおいし》と並んで、この小栗流も選ばれている。実力的には、申し分のない流派ということができた。

龍馬が入門した日根野弁治は流祖から数えて八代目になり、三十四歳の剣客だった。日根野家はいわゆる上士に属するが、弁治自身は郷士に生まれて日根野家に養子に入った人物だった。そのためかどうか、門人は上士よりも下士のほうが多かった。

日根野道場への入門、すなわち「剣」との出会いは、龍馬を変えた。

修行をはじめた龍馬の剣は、日を追うごとにめざましい上達を見せた。龍馬には学問よりも剣術のほうが向いていると見込んだ八平は、やはり間違っていなかったのだった。

何をやってもさえなかった自分が、竹刀を振るうことにかけては決して他人に劣らない。そう気づいた龍馬の心に、生まれて初めて、自信めいたものが芽生えていた。泣き虫で洟垂れと馬鹿にされていたころの頼りなさは、もうどこにもなかった。

師範代に土居楠五郎《どいくすごろう》という人がいて、稽古の荒っぽいことで知られていた。龍馬も、打たれたり、投げ飛ばされたり、厳しく鍛えられたが、決して音《ね》をあげず、「先生もう一本、もう一本」と土居に向かっていったと伝わっている。

修行を続ける日々のなかで、おのずと身体も成長した。たくましい筋肉質の体になり、背も高くなった。やがて身長は、五尺八寸（約一七六センチ）にも達することになる。当時の成人男性の多くが五尺二寸（約一五八センチ）ほどでしかなかったのにくらべると、龍馬の身長が群を抜いて高かったことがわかるだろう。

ちなみに龍馬の身長には諸説あり、右の説は、龍馬と交流のあった越前府中藩士・関《せき》龍二《りようじ》（義臣《よしおみ》）の、

「龍馬の風采は、軀幹、五尺八寸に達し――」（『関義臣懐旧談』）

というのによっている。これに対し、陸援隊士・田中光顕《たなかみつあき》は龍馬について、

「背たけは大がらで五尺七寸ぐらい――」（平尾道雄『新版龍馬のすべて』）

と証言している。また、龍馬と柔術の試合をしたこともある幕臣・信太歌之助《しのだうたのすけ》は次のよ

うに語り残している。

「坂本は大きな男でした。私は五尺二寸、彼の男は五尺九寸で——」(「信太歌之助述懐談」)

五尺七寸なら約一七三センチ、五尺九寸なら約一七九センチということになる。どれが一番真実に近いのかはわからないが、三説の平均をとれば、やはり五尺八寸ほどはあったと考えられるのではないか。つまり約一七六センチ。当時にしては相当な大柄であったことは間違いないだろう。

学問を捨てる

龍馬と師匠の日根野弁治の間には、直接の逸話があまり伝わっていないが、このようなものがある。

ある風雨の激しい日、龍馬が鏡川に向かうところに日根野が出くわした。

「龍馬、どこへ行く」

いぶかしんだ日根野がこう声をかけると、龍馬は平然として答えた。

「水泳の稽古に行くのです」

これを聞いた日根野は驚いて、たしなめた。

「この雨のなかで水泳をするやつがあるか」

おとなの日根野にしてみれば、当然の制止だっただろう。もしかすると、龍馬はやっぱり馬鹿なのかと思ったかもしれなかった。

しかし、龍馬は笑ってこういい返した。

「水に入れば必ずぬれるものです。晴れていようが、雨が降っていようが関係ないではありませんか」

このいいようには、日根野も反論することができず、困ってしまったという（千頭清臣『坂本龍馬』）。

実際には、雨にぬれながら水泳をすれば、体温が下がり、風邪をひく恐れが増すことはいうまでもない。しかし、どうせぬれるのだから雨でも晴れでも関係ないという考え方は、一面では理にかなっているともいえる。誰も考えないことを考えることからはじまる龍馬の発想力は、すでにこのころから芽生えていたのだった。

日根野道場に入門したあとの龍馬は、ついに正式な学問をする機会に恵まれなかった。本来ならば、剣術修行と併行して、学問を再開させてもよかったはずなのに、そうした形跡はまったくみられないのである。これは、短所を直すのではなく長所を伸ばそうという、父八平の方針によるのだろうか。

わずかに一点だけ、時期は不明であるが、龍馬が学問らしきことをした逸話が伝わっている。次のようなものだ。

龍馬があるとき、蘭学者によるオランダの政治学の講義に参加したことがあった。しばらくはおとなしく聴いていた龍馬が、途中でこう発言した。

「私が思うに、先生は原義を誤って教えられているようです。よく調べてみてください」

これを聞いた学者は、憤慨していった。

「なんだと。私が誤って教えるわけがないではないか」

学者のほうでは、龍馬がオランダのことなど知っているはずがないとわかっていたから、自分の講義に文句をつけられて憤懣《ふんまん》やる方ない思いだったのだろう。

しかし、龍馬はどうしても納得がいかなかった。

「それでは、原義のほうが道理を失っているのですな」

そういって一歩も譲らない。そこで学者が念のために原書を再確認すると、なんと龍馬のいうとおり、翻訳に誤りがあることがわかったのだった。

「私が間違っていた。君の疑念はそのとおりだった」

学者は顔色を失い、そう龍馬に謝ったという（千頭清臣『坂本龍馬』）。

たとえオランダのことを知らなくても、語られている内容に矛盾があれば、すぐに気づく。龍馬は、そんな聡明さを本来持っていた人だった。だから、学問が身につかなかったのは、決してできないのではなく、どこか合わなかっただけのことだったのだろう。

ただし、この講義の逸話のあとも学問をしたという記録はなく、結局、龍馬はおとなになるまで学問とは無縁で過ごすことになる。そのことについて、龍馬自身はのちにこう語っていた。

「俺は幼いときに学問を捨ててしまったが、いまになってそれを悔やんでいるよ」（同書）

正式な学問を修めなくても問題ないほどの聡明さを持つ龍馬でも、やはり生きていくうえで学問を必要とする局面に出くわすこともあったのだろう。そういうときに、もっと学んでおけばよかったと、後悔の念にかられることもあったのかもしれない。

初めての江戸遊学

小栗流剣術を修行して五年たった嘉永六年（一八五三）春、龍馬は十九歳になっていた。

入門以来、順調に剣の腕をあげてきた龍馬だったが、所詮《しょせん》は土佐でのレベルでしかない。ある程度の技量を身につけた者が次にめざすもの、それは天下の都である江戸に出て、修行をすることだった。

当時の江戸は、剣術が大流行していて、諸国から腕に覚えのある剣士が集まり修行に励んでいた。龍馬もまた、そんな中央の剣術界で自分の実力をためし、さらなる剣技の向上につとめたいと思っていたのだろう。

ただし、江戸に出るといっても、決して簡単なことではなかった。郷士の弟である龍馬としては、藩から江戸行きの許可を得なくてはならなかったし、費用も自己負担する必要があったからだ。

その点で龍馬が恵まれていたのは、坂本家が郷士のなかでも比較的裕福な家だったことだ。加えて、本家が城下有数の豪商・才谷屋であったことから、何かのときには金銭的な融通もきいたことだろう。

このときの龍馬の江戸行きも、費用は父八平が、すんなりというわけではないだろうが、出している。剣術修行によって見違えるようになったわが子が、江戸でさらなる修行に励みたいというのだから、出費は惜しまなかったに違いない。

ただし、現在と違い、当時は江戸までの行程は片道一か月かかる長旅だった。坂本家のなかで、そんな遠くまで旅行したことのある者はいなかったから、八平も内心では心配でならなかった。

そこで、みずから筆をとり、江戸での修行中に心得るべき訓戒をしたため、龍馬に与えた。

修行中心得大意

一、片時も忠孝を忘れず、修行第一のこと

一、諸道具に心移り、銀銭ついやさざること

一、色情にうつり、国家の大事を忘れ、心得違いあるまじきこと

右三か条胸中に染め修行を積み、めでたく帰国専一に候、以上。

丑ノ三月吉日　　　老父

龍馬殿

ここには、龍馬がいろいろな点で道を踏みはずすことのないようにと訓戒が記されている。が、八平の本当の狙いは、末尾にある「めでたく帰国専一に候」のほうではなかったか。修行ももちろん大事だが、それより、わが子が無事に帰ってきてくれることが何よりもうれしい。五十七歳になっていた八平の、それが偽らざる心境であったことだろう。

龍馬もそんな父の気持ちをありがたく受け止めていた。この訓戒を折りたたみ、「守」と書いてふところに入れ、旅の間、肌身離さず大事に持っていたと伝わっている。

龍馬の江戸行きにあたっては、小栗流の師匠の日根野弁治もよろこんだ。晩春吉辰《きっしん》、つまり三月吉日の日付で、龍馬に「小栗流和兵法事目録」を与えたのである。これは、文言の末尾に「なお怠らず御工夫肝要に候」とあるとおり、流儀の初伝目録に過ぎないものだったが、龍馬にとっては初めての剣術目録だった。

十四歳で剣をはじめて以来、ようやく手にすることができた修行の成果に、龍馬のよろこびも格別だったことだろう。まだまだ小栗流の修行は道半ばではあるが、新たなる剣の道に踏み出す龍馬にとっては、一つの区切りになるものだったに違いない。

北辰一刀流を修行

嘉永六年（一八五三）三月十七日、龍馬は土佐を出立した。

江戸までは野村栄蔵という友人が同行することになったので、当日は小高坂村の野村家から一緒に出発する手はずにした。

刻限になり、大勢の見送りの人々にかこまれて二人は家を出たが、ふと気づくと龍馬の姿がない。これはどうしたことかと、見送りの一人が野村家に引き返してみると、なんと龍馬はまだそこにいた。

台所のふすまに壇ノ浦合戦の錦絵が貼ってあるのをじっとながめていたという。呼ばれて龍馬はようやく気づいたものの、「これは義経の八艘飛びだ」などと絵を見ながらのんきに語るので、その者はあきれるばかりだった（千頭清臣『坂本龍馬』）。

当時の江戸までの往復というのは、現代とは比較にならないほど危険を伴うものであり、旅立ちのときには送る者も送られる者も、みな悲壮感につつまれているものだった。それが、まるで他人《ひと》ごとのようにのんきに錦絵をながめているのだから、龍馬がいかに普通と違っていたかがわかるというものだ。

なお、龍馬の江戸への同行者については、右に記したとおり野村栄蔵であったという説と、郷士溝渕広之丞《みぞぶちひろのじょう》であったという説がある。野村栄蔵の子孫の証言によれば栄蔵が同行したといい、溝渕広之丞の子孫によれば広之丞が同行したというのである。

双方とも子孫の証言以外に傍証がないので、あるいは、龍馬と栄蔵と広之丞の三人で連れだって江戸に向かったということなのかもしれない。

龍馬たちが江戸に着いたのがいつのことか、正確にはわかっていないが、土佐からの所要日数は徒歩で約一か月であることから、四月中旬ごろの到着と考えられる。

築地の土佐藩中屋敷に無事着いた龍馬は、そこからほど近い、鍛冶橋門外の狩野屋敷にある北辰一刀流《ほくしんいっとう》・千葉定吉《さだきち》道場に入門した。

当時の江戸では三つの剣術流派がはやっていて、千葉周作《しゅうさく》の北辰一刀流、斎藤弥九郎《さいとうやくろう》の神道無念流《しんとうむねん》、桃井春蔵《もものいしゅんぞう》の鏡新明智流《きょうしんめいち》は、多くの門人を集めてにぎわっていた。

龍馬が入門した千葉定吉道場跡（東京都中央区八重洲）

龍馬が入門した千葉定吉は、北辰一刀流を創始した周作の実弟で、小千葉と呼ばれ、兄に引けを取らぬ遣い手だった。龍馬としては、どちらに入門してもよかったのだが、周作の道場のある神田お玉ケ池は土佐藩邸からだいぶ距離があったので、通いやすい鍛冶橋の定吉道場を選んだということだったのだろう。

ただし、ちょうどこのころ、定吉には鳥取藩から仕官の話が持ちかけられていた。当時、名のある剣客には諸藩から藩士として招かれることがよくあり、兄周作はすでに水戸藩に召し抱えられていた。

定吉もまた、鳥取藩からぜひにと誘われ、江戸藩邸で剣術師範をつとめることになったのである。定吉の年齢はわかっていないが、周作が六十歳であったから、五十代半ばにはなっていただろう。剣客としての最後の仕事として、師範役をつとめる決心をしたのだった。

定吉が鳥取藩に仕官した日付は四月二十一日。以後は藩邸のほうに移ったのか、そのまま鍛冶橋の自宅に起居していたのかははっきりしないが、四月中旬に江戸にやって来た龍馬とは、ちょうどすれ違いのようになってしまった。

したがって、実際に龍馬が定吉から指導を受ける機会はほとんどなかったかもしれず、代わりに龍馬を教えたのは、定吉の一人息子の重太郎《じゅうたろう》だったと考えられる。重太郎は三十歳。父ほどではなかったようだが、それなりの才能に恵まれた剣客だった。龍馬は、実質的にはこの重太郎の門人といってもいい。比較的年齢も近く、龍馬にとっては兄貴分のように接することのできる人物でもあった。

ペリー艦隊の浦賀来航

国許で小栗流を修行していた龍馬が、江戸で北辰一刀流と出会って、どのような感想を抱いたかは伝わっていない。

ただ、千葉周作の道場・玄武館《げんぶかん》には、全国から有能な剣士が集い、常時三百人、通算では三千人もの門人が修行をしていたとの記録があることから、土佐の小栗流とはおのずとレベルの違いがあったかと思われる。龍馬も、その門人の数、稽古の質といったものに、圧倒されていたことだろう。

鍛冶橋の小千葉道場のほうは、門人の数こそ玄武館ほどではなかったが、稽古内容に差はなかったはずである。北辰一刀流のレベルの高い稽古についていこうと、日々、汗にまみれて修行に励む龍馬だった。

しかし、龍馬が江戸に来て一か月半ほどたったとき、日本を揺るがす大事件が起こった。

すなわち嘉永六年（一八五三）六月三日、ペリー提督率いるアメリカ艦隊が浦賀《うらが》沖に来航したのである。四隻の軍艦は、黒船と呼ばれて人々を恐怖におとしいれた。

彼らの目的は、鎖国政策をとっていた日本を開国させることにあり、要求をのまない場合には武力を行使してでも目的を達成しようとしていた。日本は、かつてない外国からの脅威にさらされることになったのだ。

この歴史的大事件の日に、本来ならば土佐にいるはずの龍馬が偶然にも江戸にいた。なんというめぐり合わせなのだろうか。

六月六日、幕府は江戸湾の沿岸に藩邸をもつ諸藩に対して、警備のための動員を命じている。土佐藩も、下屋敷が海岸の品川《しながわ》にあったことから、鍛冶橋の上屋敷や築地《つきじ》の中屋敷に詰めていた者まで、大勢の藩士が下屋敷に集められた。

そして、剣術修行のために江戸に来ていた龍馬までもが、臨時御用という名目で招集されたのだった。

品川から浦賀まではだいぶ距離があるので、品川藩邸に詰めていた龍馬には、アメリカ艦隊の姿は見えなかっただろう。六日には四隻のうちの一隻、ミシシッピ号が測量のためといって品川付近まで進入したが、そのときはまだ龍馬は招集されていない。

しかし、品川からは見えなくても、わずか一日あれば浦賀まで行くことができる。そうであれば、好奇心旺盛な龍馬が浦賀まで足を延ばし、実際に黒船を見に行った可能性は十分にある。

黒船の威容を目の当たりにしたとすれば、龍馬はいったい何を思っただろうか。恐怖か、憧れか、それとも……。

いずれにしろ、幕末に活躍した志士のなかで、黒船の姿を実際に見ることのできた者はほとんどいなかったはずであり、龍馬はその数少ない一人であったということになりそうだ。そして、それが以後の龍馬の行動にはかりしれない影響を与えることになったことは間違いなかった。

ペリーは、アメリカのフィルモア大統領からの親書を幕府側に手渡すと、回答期限を翌年春ということにして、六月十二日にいったん日本から去った。これで諸藩の沿岸警備も解かれるはずだったのだが、幕府がほっとしたのもつかの間のことだった。

七月十八日、今度はプチャーチン率いるロシア艦隊が長崎にやって来たのである。当時、力を強めていた欧米列強がそろって日本に目をつけ、アメリカに遅れまいとロシアも開国要求を持って来日したのだった。

そのため、諸藩の沿岸警備はなかなか解かれることがなく、龍馬の臨時御用も九月まで続けられた。

九月二十三日付で龍馬が父の八平にあてた手紙には、このようにある。

「異国船備えの件はひとまず解かれましたが、来春はまた人数に加わることになりそうです」

アメリカ艦隊の翌年春の再来に対して、そのときは再び龍馬も沿岸警備につく予定になっていたようだ。さらに、手紙の追伸部分にはこうも書かれている。

「異国船がところどころに来ているようですので、戦がはじまるのも近いことかと思います。その節には、異国人の首を打ち取って帰郷するつもりです」

ペリーの来航をきっかけに、わが国では攘夷《じょうい》、つまり外国勢力を撃退しようとする思想が流行した。これが、天皇を神として尊ぶ尊王思想と結びつき、尊王攘夷論として国内に広まることになる。

龍馬もまた、のちにそうした思想を持つようになるのだが、この時期の龍馬はまだそこまで思想が成熟していない。異国人の首を打ち取るという勇ましい言葉も、おそらくは純粋な愛国心から出たものに過ぎなかったのだろう。

佐久間象山に入門

ペリーの黒船の脅威を目の当たりにしたであろう龍馬は、その後、どうしたか。

もちろん、九月に沿岸警備の任務を解かれたあとは、もとどおり築地の藩邸に起居し、小千葉道場で剣術修行に励む日々をおくったことはいうまでもない。

しかし、心情的には以前と同じように剣に打ち込むことができたかどうか、はなはだ疑問である。

剣術がいくら強くても、あの黒船に対抗できるはずがないことを知ってしまったからだ。自分が十四歳のころから打ち込んできた剣術が、アメリカの強大な武力の前ではあまりにも無力と知って、龍馬は落胆せざるをえなかった。

そして、黒船を撃沈するためには、剣ではなく飛び道具、しかも破壊力の大きな大砲がどうしても必要になる。そう考えるに至ったのは、ごく自然なことであっただろう。

そのころ、江戸木挽町《こびきちょう》に砲術塾を開く佐久間象山《さくましょうざん》という西洋兵学者があった。信州松《まつ》代《しろ》藩士で、当時の日本でも有数の開明的な人物だった。

この佐久間象山の門を龍馬はたたいたのである。

実は、龍馬と一緒に江戸に出てきた溝淵広之丞は、以前にも江戸出府の経験があり、そのさいに象山塾に入門して砲術修行をはじめていた。龍馬がこのとき象山に学ぼうと思ったのも、おそらくは溝淵の紹介があったからと思われる。

十二月一日、龍馬は象山に入門し、西洋砲術の修行をはじめた。この日付については、象山の門人帳に「十二月朔日　坂本龍馬」という記載があることによるが、実際に大砲を撃つ演習に参加した日であるとも考えられるため、必ずしも入門日ということではない可能性もある。

いずれにしても、土佐を出るときには思ってもいなかった行動であっただろう。剣一筋に生きようとし、そのためにはるばる江戸まで来たはずだったのに、黒船の脅威と出会っ

沿岸警備のために作られた浜川砲台（復元・東京都品川区東大井）

たことが、龍馬の針路を変えた。

自分に必要と思えば、こだわりなく何でも取り入れようとする。そんな柔軟な考え方こそ、龍馬の最大の長所だったのである。

残念であったのは、師匠の象山が、年明けの安政元年（一八五四）一月に藩命により横浜に出張し、現地で長州藩士吉田松陰《よしだしょういん》の密航計画に加担したため、四月六日に幕府に逮捕されてしまったことだ。

そのまま象山は国許の松代で長い蟄居《ちっきょ》生活をおくることになったから、龍馬に砲術を教えることができたのは、ほんの少しの期間でしかなかったことになる。

なお、ペリーのアメリカ艦隊は、予定より少し早く、この一月十六日に再来日していた。吉田松陰の密航というのは、そのときの艦隊に小舟で乗り付け、密かにアメリカ渡航をしようともくろんだ一件だ。もちろん密航は幕府の法律で禁止されており、アメリカ側も乗船を承知しなかったことから未遂に終わり、松陰は投獄された。

この松陰は、象山の塾で学んだこともあったから、龍馬とは同門ということになる。龍馬も、黒船に対抗するために砲術をはじめるといった行動を起こしたが、命がけでアメリカに渡ろうとする松陰の並はずれた行動力にはかなわなかった。

日本の将来のために己の命さえ投げ出して行動する。そんな、まさに志士たる松陰の姿に、龍馬は大いに感銘を受けたことだろう。そして、この動乱の時代にあって、自分もまたどう行動すべきかを考えるようになったに違いなかったのである。

江戸遊学を終えて

再来日したペリーは、今度は七隻（のち九隻）の軍艦を従えていた。前年をうわまわる武備のアメリカ艦隊は再び人々を恐れさせ、しかも今度は浦賀にとどまらず、江戸湾内の羽田《はねだ》沖まで強引に進入した。

幕府の老中首座阿部正弘《あべまさひろ》は、浦賀まで引き返すようにいったが、ペリーは承知せず、結局、中間地点の横浜で会談が行われることになった。そして、数回にわたる交渉の結果、ついに安政元年（一八五四）三月三日、歴史に残る日米和親条約が締結されたのだった。

こうして、二百数十年続いてきた幕府の鎖国政策には終止符が打たれ、このあと日本は、相次いで来日したイギリス、ロシア、オランダとの間にも同様の条約を結ばざるをえなくなったのである。

そんな激動の時期、二十歳になった龍馬は何をしていたか。前年に品川の沿岸警備に招集されたときは、来年もまた警備に加わることになるだろうといっていたが、ペリーとの交渉が穏やかに進められたため、今回は龍馬までかり出されることはなかったようだ。

師匠の佐久間象山が松代に帰国させられたことで、砲術修行は頓挫《とんざ》してしまったものの、まだ剣術のほうが残っている。残された江戸での滞在期限まで、小千葉道場での修行に尽くしていたであろう龍馬だった。

ところで、龍馬の江戸遊学については、藩から許可された期間がどれだけであったのかがわかっていない。結果的に、前年の三月に土佐を出て、この年の六月に帰国していることから、十五か月間と考えられているが、それではやや半端な感じが否めない。

あるいは、当初は一年間とされていたものが、途中で品川警備にまわされた期間が三か月あったため、その分の延長を許されたのかもしれない。そう考えるほうが自然だろう。

龍馬が修行を終えて土佐に帰国したのは、六月二十三日のことだった。八平をはじめとする家族も、龍馬の無事な姿を見て、ほっと安堵した。

江戸ではアメリカ艦隊の来航という事件が起こり、急遽、砲術修行をはじめたこともあって、北辰一刀流の修行がどこまで進んだのかはわかっていない。しかし、剣の腕は確実に上達していたようで、帰郷してすぐの閏《うるう》七月、小栗流の師匠日根野弁治は「小栗流和兵法十二箇条　并《ならびに》二十五箇条」を龍馬に与えている。

これは流儀の中伝目録で、龍馬にとっては二年連続の目録取得ということになった。もっとも、前回の目録を与えられてから今回までの間に、龍馬は小栗流をほとんどやっていないわけだから、必ずしも小栗流としての剣技を評価されたのではなかっただろう。

他流派ではあるが北辰一刀流という一流の剣を学んだ龍馬に、剣士としてのレベルアップが認められたからこそ、日根野は中伝目録を与える気になったのに違いなかった。

前述したように、龍馬自身は江戸で黒船と出会った以後は、それほど剣術に熱心というわけではなくなっていた。強大な武力を持つ諸外国に対しては、剣術よりも砲術のほうが圧倒的に有効な手段であると、さとっていたからだ。

しかし、このあとも龍馬が剣術修行をやめることはなかった。合理的な考え方をする龍馬からすれば、剣を捨てて砲術のほうに走る道もあったはずだが、日根野道場へは相変わらず通い続け、竹刀を振って汗を流す日々をおくっている。

もしかすると龍馬は、単純に剣術が好きだったのではないだろうか。

武器としては時代遅れになっていようとも、道場で汗をかく気持ちよさは何にもかえがたい。稽古によってみずからの筋骨がたくましく鍛えられ、運動能力が向上していくことに、なんともいえない充実感を感じる。

龍馬はそんなスポーツマンともいうべき人間だったのだ。当今ふうにいうとアスリートか。

このあと龍馬は、海軍指揮官、革命家、あるいは商人などと、さまざまな顔を見せながら成長していくのだが、あくまでもどこか爽やかさを失わなかったのは、根がスポーツマンであったことと無関係ではなかったはずである。

河田小龍と西洋事情

幕府が日米和親条約を結び、開国を決めたことで、世間には攘夷論が巻き起こっていた。神国日本に野蛮な外国人を立ち入らせてはならないから、即刻、打ち払うべしといったものだった。

しかし、実際に黒船という科学力に接した龍馬にしてみれば、攘夷論は現実味に乏しいものにしか思えなかった。

そこで龍馬は、自宅のそばの築屋敷に最近引っ越してきた河田小龍《かわだしょうりょう》のもとを訪ねてみることを思い立った。河田は絵師であったが、城下有数の知識人として知られていた。あのジョン万次郎こと中浜万次郎から漂流体験を取材して、『漂巽《ひょうそん》紀略《きりゃく》』を著したのも、この人物である。

安政元年（一八五四）の十一月ごろ、龍馬は河田の家を訪れた。時勢について意見を聞かせてほしいという龍馬に対して、はじめ河田は、一介の絵描きに過ぎない自分に世間のことなどわからないといって断った。それでも龍馬が引き下がらないので、ようやく自分の考えを語り出したのだった。

河田はまずこう断言した。

「攘夷などはとても無理なことだ」

日本の現在の軍事力では、諸外国に打ち勝つのは不可能というのである。ならばどうすればいいのかという龍馬の疑問に対し、こう河田は答えた。

「まず商業をおこすことだ。一艘の外国船を買い求め、同志を集めて乗組員とし、旅客や荷物を日本の東西に運んで、その運賃を得ながら同時に航海術を稽古する」

そうして、外国に対抗できるような軍事力を身につけてから、攘夷を実行すべきだというのだった。

この意見に、龍馬は手をたたいて賛同した。

「私は若いころから剣術を好んでいましたが、それは一人の敵を倒すことにしか役立たないものです。外国に打ち勝つためには、何かもっと大きな事業をおこさなければならないと思っていましたから、先生のいうことは私の考えと合っています」

そういって龍馬は、河田とともに通商航海に尽力することを誓い合った。そして二度目にやってきたとき、龍馬はこう河田に尋ねた。

「船や機械は金策すれば手に入りますが、それを使いこなす同志がいなければ仕方ありません。そのことに私は困っていますが、いい考えはありますか」

そんな龍馬の問いかけに、河田は、金銭的に満たされている人は志というものがないから、身分が低くても頭がよく、志がしっかりしている者を用いればよいと答えた。

龍馬は大いにうなずき、こう提案した。

「では、人材を作ることは先生にまかせました。私は船を手に入れることに尽くしましょう」

河田もこれを了解し、二人は役割を分担して尽力することになったのだった。

この話は、河田が維新後の明治二十六年ごろに書き残した『藤陰略話《とういんりやくわ》』にのみ出ているもので、実は龍馬側の記録には出てこない。内容的にも、龍馬がのちに創設する亀山社中、海援隊の構想がそのまま語られていて、少々信じがたい部分もある。

とはいうものの、河田の門人だった近藤長次郎《こんどうちようじろう》、新宮馬之助《しんぐううまのすけ》、長岡謙吉《ながおかけんきち》らが龍馬の同志となっているのは確かなことなのである。河田は約束どおりに人材を育て、龍馬のもとに送りこんでいたのだった。

龍馬はのちに通商航海に邁進し、普通の志士とは違った行動をとるようになるが、その点で最初に龍馬の目を見開かせることになったのは、この河田小龍だったということは覚えておきたい。

再び江戸の小千葉道場へ

その後の龍馬の足跡は、あまり伝わっていないが、翌安政二年(一八五五)秋ごろ、城下中須賀村に住む西洋砲術家の徳弘孝蔵《とくひろこうぞう》に入門したことがわかっている。

十一月には、長岡郡仁井田浜で行われた大砲の演習に参加した。当日、龍馬は浜辺で十二听《ポンド》カノン砲を撃ち放ち、砲弾を七百六十メートル先に着弾させたと記録に残っている。江戸で佐久間象山に短期間とはいえ学んだことのある龍馬であったから、西洋砲術の基礎程度は身に付いていたはずだった。土佐での修行も順調に進んだことだろう。

そんな龍馬に、悲しい出来事が起こった。

十二月四日、父の八平が没したのである。五十九歳だった。

嘉永四年(一八五一)三月に坂本家の郷士職は長男の権平に譲られていたから、八平はすでに隠居同然の身であったとはいえ、家族の悲しみは相当なものだった。

特に龍馬の悲嘆は激しかった。数日間は食事もとれないほどの落ち込みようだったと伝えられる。先年の江戸行きのさいには、八平から与えられた訓戒書を肌身離さず持っていたほどに、父を敬愛していた龍馬であったから、それも仕方のないことであったかもしれなかった。

坂本家の安政二年は悲痛のうちに暮れた。

年が明けて、安政三年（一八五六）。二十二歳になった龍馬は再び行動を開始した。七月、さらなる剣術修行のためとして、再度江戸に向かうことを藩庁に願い出たのである。

前回は、黒船来航という非常事態があったせいで、落ち着いて北辰一刀流を学ぶことができなかったが、今度はじっくりと腕をみがこうと思っていたに違いない。剣術好きな龍馬にとって、江戸での修行はまったく苦にならないものだった。

それに、龍馬は前回の江戸遊学で、世間がいかに広いかを知ってしまった。江戸には、世の中のさまざまな人や物が集まる。それらにふれることによる刺激は、せまい土佐に閉じこもっていたのでは決して得られないものだった。

龍馬の江戸再遊については、純粋に剣術修行を志したというほかに、そんな理由もあったものと思われる。

今回、龍馬とほぼ同時期に土佐を出発した者がいた。名を武市半平太（瑞山《ずいざん》）といい、龍馬より六歳年上の二十八歳。坂本家とは親類であったから、龍馬とも少年のころからつきあいがあった。

身分は、上士と下士の中間に位置する白札で、城下田渕で小野派一刀流の剣術道場を開く剣士だった。

その武市が、江戸での臨時御用を命じられ、八月七日に土佐を出立した。役目の合間には剣術修行をしてもよいという許可も得ていたから、龍馬と同じように江戸の一流道場で自分を鍛えようと思っていたのだろう。

あるいは、龍馬から江戸の話を聞き、自分も行ってみたいと思い立ったのかもしれなかった。

龍馬のほうは、八月四日に江戸行きの許可が下り、二十日に土佐を発《た》った。今回は翌年九月まで、一年間の期限つきということだった。

九月下旬に江戸に着いた龍馬は、前回同様に築地の土佐藩中屋敷に草鞋《わらじ》を脱いだ。一足先に江戸に入っていた武市のほか、江ノ口村の郷士岡田以蔵《おかだいぞう》もこのとき江戸に出てきており、なかなかにぎやかな合宿生活のようなものになった。

岡田以蔵は、土佐にいるときに武市の道場で修行していた者であったから、師匠の武市に従って一緒に江戸に来ていたのかもしれない。のちに「人斬り」と呼ばれて恐れられることになる、凄腕の剣士だった。
龍馬よりも三歳年下であるから、まだ十九歳。この藩邸生活がきっかけで、龍馬とは親しくなったようである。

涙の時計拾得事件

龍馬が江戸で再入門したのは、もちろん前回同様の北辰一刀流千葉定吉道場、通称小千葉道場だった。ただし、かつては鍛冶橋門外にあった小千葉道場は、この前年に起きた火災のために近傍の京橋桶町《おけちょう》に移転していた。以後、桶町の道場が龍馬の修行の舞台となる。

これに対して、武市半平太や岡田以蔵が学んだのは、鏡新明智流の桃井春蔵道場、士学館といった。道場は藩邸からほど近い京橋浅蜊河岸《あさりがし》にあり、当時、江戸に出ていた土佐藩士は、北辰一刀流か、この鏡新明智流のどちらかを選んで入門することが多かったようだ。

安政四年（一八五七）になると、島村《しまむら》衛吉《えきち》、山本《やまもと》琢磨《たくま》といった土佐の者たちも江戸にやってきて、桃井道場に入門した。このうち山本琢磨は、龍馬の従兄弟の子でもある潮江村の郷士で、剣術に熱心なあまり、道場に住み込んで修行に励んだといわれている。

ところが、魔が差したとでもいうべきか。この琢磨がとんでもない事件を起こしてしまった。

八月四日のことだ。その日、酒に酔って友人の田那村作八と道を歩いていた琢磨は、佐州屋という商人とぶつかってしまい、思わず怒鳴ったので相手はあわててその場から逃げ去った。

すると、路上に佐州屋のものらしい風呂敷包みが落ちており、琢磨が中身を確認すると、高価そうな西洋式の柱時計が入っていた。もちろん佐州屋のものとはわかっていたが、琢磨は酔っていたこともあり、それを質屋に持っていき、現金に替えてしまったのだった。

佐州屋のほうでは、町奉行所に盗難事件として届け出たため、犯人の捜索が行われ、やがて時計は質入れされていることが判明した。しかも質屋の主人がいうには、

「土州藩桃井内弟子山本格馬」

と犯人は名乗っていったというのである。

名が「格馬」となってはいるが、これが琢磨のことであるのは明らかだった。ただちに琢磨は藩邸の留守居役に呼び出され、厳しく事情を取り調べられた。

その結果、琢磨のやったことは追いはぎ同然の行為であり、武士として決して許されないものとして、切腹させるべしということになった。

事件を知った龍馬や武市は、かわりに佐州屋に出向いて時計を返却し、迷惑をかけたことを謝ったりしたが、それだけで問題が解決するわけではない。やはり、武士として腹を切らないかぎりは、おさまらない状況であるのは変わりがなかった。

しかし、龍馬は、自分の親類でもあるこの若者を死なせることは、あまりにもしのびなかった。もちろん、琢磨の行為は人として恥ずかしいものなのはわかっているが、なんとか命だけは助けられないものだろうか。

思いあぐねた龍馬は、武市らに向かって、こう提案した。

「それよりは一時、江戸から去らせて、別の機会に国事に殉じさせるというのはどうか」

（千頭清臣『坂本龍馬』）

いま琢磨を切腹させたとしても、盗賊の汚名がはれるわけではなく無益ではないか、というのが龍馬の意見だった。

これに一同も賛成し、琢磨は、危ういところで命を救われることになった。龍馬のやさしい気持ちが、一人の若者の未来を切り開いたのである。

なお、現存する武市の手紙によれば、龍馬が意見したことは書かれておらず、琢磨がいつの間にか姿をくらましたようになっている。もしかすると龍馬は、武市らに反対されるのを恐れ、誰にも相談せずに琢磨を逃亡させたのかもしれなかった。

武市は堅物で融通のきかないところがあったから、そういうことも十分に考えられる。真相はどうであったのだろうか。

八月中旬に江戸を脱出した琢磨は、そのまま明治維新を迎えるまで身を隠して生き、維新後は沢辺琢磨と名乗って、ロシア正教修道司祭ニコライから洗礼を受けてキリスト教徒となった。大正二年、八十歳で没。

現在も東京神田の観光名所となっているニコライ堂は、この沢辺琢磨の尽力によって建てられたものであるという。本来ならば幕末期に捨てていたはずの命を、龍馬に救われた琢磨は、残りの人生をキリスト教の普及のためにささげたのである。

千葉佐那と長刀目録

　龍馬の二度目の江戸遊学は、当初は安政三年（一八五六）八月から約一年間という期限が定められていたが、途中で延長が認められたらしい。そのあともさらに一年間、江戸に残って修行を続けている。

　そして安政五年（一八五八）一月、二十四歳になった龍馬に、師匠の千葉定吉から「北辰一刀流長刀《ちょうとう》兵法目録」が与えられた。

　長刀は「なぎなた」とも読み、これはつまり通常の剣術ではなく、いわゆる薙刀の目録である。龍馬は北辰一刀流の剣術を修行するかたわら、この長刀の稽古もしていたのだろう。目録は、その成果ということになる。

　この目録には、少し変わったところがあって、末尾の部分に注目したい。そこには、目録を授けた千葉定吉、長男の重太郎のほかに、千葉佐那《さな》女、千葉里幾《りき》女、千葉幾久《きく》女という定吉の三人の娘の名が記されているのだ。

　普通、こうした目録の末尾には、流派の代々の宗家の名が並べられ、最後に現在の宗家師範の名が記される。小千葉道場でいえば、それは定吉であり、後継者の重太郎あたりまでは名があっても問題ないと思われるが、娘たちの名までもが記されているのは、なんとも不思議なことだった。

これは、薙刀という女性も稽古する武器ならではのことなのか。それとも、三姉妹の長女・佐那が、龍馬にとっての特別な女性であったと伝わることに関係しているのだろうか。

千葉佐那は、龍馬より三歳年下の二十一歳。細おもてで鼻筋が通り、口元のきりっと締まった美人であったという。

女だてらに父譲りの剣の遣い手で、道場では兄の重太郎とともに門人たちに稽古をつけるほどの腕前だった。いわゆるお転婆で、普通の女性のように家庭を守るといったようなことが大嫌い。剣で身を立てて、国事に尽くしたいと本気で考えているような娘だった。

そんな一風変わった佐那に、龍馬が恋をした。前回の江戸遊学のとき、ひと目惚れしたものともいう。

龍馬の最初の伝記『汗血千里駒』では、佐那を見初《みそ》めた龍馬は、われを忘れて茫然とし、ため息ばかりついていたことになっているが、肝心の佐那の名を「光子」と誤ってい

千葉定吉道場が移転した京橋桶町跡（東京都中央区京橋）

る。佐那についての情報が少なかった時代の本でもあり、龍馬の惚れ具合がどのようなものであったかは、正確にはわからない。

しかし、龍馬と佐那がすぐに両思いとなり、結婚を考えるほどの恋仲になったことは、まぎれもない事実である。北辰一刀流の剣が取り持つ二人の恋であった。

ただし、龍馬には帰る場所がある。修行年限を一年間延長することを許されてはいたが、それもこの年の八月までだった。やがてそのときがきて、龍馬はひとまず土佐へ帰ることになった。

必ずまた来ると龍馬は約束をしただろうが、現代とは違い、ひとたび江戸と土佐に離れ離れになれば、二度と会える保証のない時代である。それに加えて、土佐藩士である龍馬側の事情が許すかどうか。

数年後、予想もしない形で二人は再会することになるのだが、このときはまだそのようなことに思い至るはずもない。永遠の別れになるかもしれない旅立ちに、二人は、いったいどのような言葉をかわしあったのだろうか。

二年ぶりの帰郷

安政五年（一八五八）八月上旬ごろに江戸を出立した龍馬は、九月三日、土佐に帰りついた。二年ぶりの帰郷だった。

友人の門田為之助《かどたためのすけ》がまず本町の自宅にやってきて、龍馬の無事をよろこんだ。門田は、香我美《かがみ》郡山北村出身の郷士で二十一歳。

よもやま話に花が咲き、そのうちに武市半平太のことに話が及ぶと、龍馬は門田にこういった。

「武市は相変わらず窮屈なことばかりいっているか」

江戸で一緒だった武市は、すでに前年に土佐に帰国していた。それで門田は、新町田渕の武市の家に行き、龍馬のいったことをそのまま伝えた。聞いた武市は、笑ってこう応酬したという。

「龍馬が帰国したか。きっとまた大ぼらを吹いているのだろう」

なにごとにもおおらかな龍馬と、几帳面過ぎる面のある武市。その違いが、「大ぼら」

と「窮屈」という言葉によくあらわされている。二人の絶妙なやりとりに、門田も苦笑していたことだろう（千頭清臣『坂本龍馬』）。

二度の江戸遊学によって、剣術修行にひと区切りついたということだろうか。帰国後の龍馬は、以前とはうってかわって読書に身を入れはじめた。

そのようすを見た門田は、やはり友人の大石弥太郎《おおいしやたろう》に向かっていった。

「近ごろ龍馬は読書をはじめたぞ」

大石は、香我美郡野市村の郷士で三十歳。龍馬が本など読まないことは知っていたから、門田のいうことが信じられず、とりあえず二人で龍馬の家に行ってみた。

すると、龍馬は本当に本を読んでいて、大石を驚かせた。訝《いぶか》しむ大石に向かって龍馬はこういった。

「時勢が俺に読書の必要を感じさせた。だからいま、これを読んでいるのだ」

このとき龍馬が読んでいたのは、『資治通鑑《しじつがん》』という中国の歴史書だった。ただ、句読点や訓点のない白文であったから、大石はそんな難しいものが龍馬に読めるのかと怪しんで、音読してみろといってみた。

龍馬は大声で朗読しはじめたが、思ったとおりその読みは間違いだらけで、しかも訓点

「窮屈なことばかりいっているか」と龍馬が評した武市半平太

などは一切無視する読み方だった。

「お前はそれで意味がわかるのか」

そう大石が尋ねると、龍馬は平気な顔をしていうのだった。

「俺は書物の主旨がわかればいい。こまかいことは気にしないのだ」

漢文というのは、文字を追っているだけでなんとなく意味はわかるような気がするものだが、それにしても龍馬はこだわりがない。龍馬のすることといえば、おおむねこのようなものだった（前掲書）。

ところで、龍馬に読書の必要を感じさせた「時勢」とはどのようなものか。

龍馬が江戸を発つ直前の六月、日本とアメリカの間に日米修好通商条約が結ばれ、続けてオランダ、ロシア、イギリス、フランスとも同様の条約が締結されていた。幕府は、完全に鎖国政策を捨て去り、開国への道を突き進んでいたのだ。

そんな幕府の政治に異議をとなえる尊王攘夷の志士たちが、このころ諸藩に現れ、活動をはじめていた。彼らのなかには、自藩にとどまっているのにあきたらず、諸国を遊歴して尊王攘夷思想を説いて歩く者もあった。

この年の十一月、土佐の龍馬のもとにも、水戸藩士の住谷《すみや》寅之介《とらのすけ》と大胡《だいご》聿蔵《いつぞう》が突然やってきた。諸国を遊説する途中、土佐に立ち寄ったものだった。

龍馬とは親しい仲ではなかったようだが、江戸で多少の接点があったものだろうか。そのつてを利用して、土佐に入国することを龍馬に依頼しようとしたのである。

しかし、このころの龍馬にそんな力があるはずもなく、国境の立川番所（関所）で行われた会談はむなしく決裂した。十一月二十三日の住谷の日記には、こう記されている。

「龍馬誠実かなりの人物、あわせて撃剣家。事情迂闊《うかつ》、何も知らずとぞ」

龍馬はかなりの人物だと評価している一方で、所詮は剣術家であり、世情にうとく何も知らないといっている。当たらずといえども遠からずというところだろうか。

一説には、水戸に帰国したあとで、住谷はこうもいっていたという。

「老中の名前さえ知らぬ田舎漢を、はるばると尋ね往きたるは、愚の至りなりし」（『維新土佐勤王史』）

幕府の老中の名を龍馬は知らなかったというのだから、これが本当であれば、住谷もさぞ落胆したことだろう。時勢にめざめかけていたとはいえ、このころの龍馬はまだまだ発展途上の若者に過ぎなかったのである。

桜田門外の変に奮起

翌安政六年（一八五九）はなにごともなく過ぎ、さらに年が明けた万延元年（一八六〇）、龍馬は二十六歳になった。

その三月三日、江戸城桜田門外で幕府の大老井伊直弼《いいなおすけ》が暗殺されるという大事件が起こっている。いわゆる桜田門外の変である。

二年前に大老に就任した彦根藩主井伊直弼は、諸藩の大名や志士が幕政を批判する現状を問題視し、彼らに対する徹底的な弾圧を行った。安政の大獄と呼ばれるこの弾圧によって、吉田松陰（長州藩）、橋本左内《はしもとさない》（福井藩）らの志士が処刑され、一橋慶喜《ひとつばしよしのぶ》（一橋家当主）、松平慶永《まつだいらよしなが》（福井藩主）、山内豊信《とよしげ》（土佐藩主）らが隠居、謹慎などに処せられた。処分された者の総数は百余人にものぼったという。

なかでも水戸藩に対する処分が最も重かったため、激高した一部の尊王攘夷派が井伊への報復をもくろんだ。そしてついに、上巳《じょうし》の節句に登城する途中の井伊を待ち伏せ、桜田門外で暗殺したのだった。

水戸脱藩浪士ら十八人によるこの一挙の報は、たちまちのうちに全国に広まり、瀬戸内海を渡って土佐にも届いた。

城下の小高坂村では、龍馬の友人の池内蔵太《いけくらた》の家に河野万寿弥《こうのますや》(敏鎌《とがま》)ら数人が集まって、水戸浪士の壮挙について話し合い、盛り上がっていた。池は、土佐郡小高坂村の郷士で二十一歳。河野は、城下北奉公人町の郷士で十七歳の若者だった。

やがて、そこに龍馬も遅れてやってきた。龍馬は江戸で水戸藩士と交遊があった数少ない土佐人であったから、池らは何か詳しい話を聞けるだろうと期待した。

龍馬にしても、実はそれほど事情に通じているわけではなく、わずかに知っていることだけを話し、そのあとこういった。

「みんな、そんなに興奮することはない。彼らは家臣として当然のことをしただけではないか。俺もまたいつか事にあたるときは、あのような働きをするつもりだ」(『維新土佐勤王史』)

あまりにもきっぱりと、龍馬がそういったものだから、聞いた一同は驚いた。井伊大老を討った水戸浪士らのような働きを、自分もいつかしてみせるというのだ。池も河野も、以前の龍馬を知っているだけに、あののんびりとした龍馬がそんなしっかりした志を持っているとは思いもよらなかった。

もはや龍馬は、単なる剣士ではなくなっていた。国を憂う志士への道を、いつしか歩きはじめていたのである。

そしてもう一人、武市半平太も志士としての行動を開始した。

この年七月、みずからの剣術の門人である島村外内《しまむらとない》、久松喜代馬《ひさまつきよま》、岡田以蔵の三人を連れ、九州へと旅立ったのだった。名目は剣術修行ということになっていたから、龍馬などはそれを聞き、

「今日の時勢に武者修行でもあるまいに」

と笑っていたという（前掲書）。

しかし、もちろん武市の目的は剣術修行などではなかった。中国から九州にかけての諸藩の動向を探ることにあったのである。

当時、尊王攘夷の志士は、みなこうして諸国を訪ね歩き、時勢に関する情報や意見を交換して、みずからを志士として成長させていった。武市もそうした志士として旅立ち、五か月をかけて中国、九州を渡り歩き、土佐へ帰り着いたのは年末ごろのことだった。

龍馬が、本当に武市の真意を見抜けなかったのかどうかはわからない。知っていなが

ら、からかっただけということも十分に考えられる。ただ、この時点では武市のほうが龍馬よりも、志士として一歩先を行っていたことは確かだった。

上士と下士の対立

土佐藩では、関ヶ原の戦い以前から山内家に仕えてきた藩士を上士と呼び、それ以外の武士を下士と呼んで区別していた。

下士には、郷士のほか、徒士、足軽、それに名字帯刀を認められている庄屋なども含まれていたが、この上士と下士との間には、他藩では考えられないような身分差別が存在した。

たとえば、衣服ひとつとっても上士は絹の服を着ることが認められていたが、下士には木綿しか許されていなかった。また、雨の日には上士は水はねを避けるために高下駄をはいたが、下士は歯の低い下駄しかはくことができなかった。

ほかにもさまざまな細かい規定があり、なぜそこまで制限しなければならないのかと思えるほど、下士は虐《しいた》げられていた。

ただ、俗にいわれる、路上で上士に出会ったら下士は土下座しなければならないというのは、誤りである。そのような規定は土佐藩の法律には書かれておらず、あるのは、「家老に出会ったら、路上でうずくまらなければならない」というものだ。

その程度であれば、まだ納得がいく。単なる上士と家老では常識的に考えても偉さの度合いが違い、恐れ入るのも当然のことのように思えるからだ。そういう意味では、差別がまかりとおった土佐藩といえども、最低限の常識の範囲は超えていなかったといえるのではないだろうか。

とはいうものの、上士と下士が江戸時代を通じて対立していたのは確かなことで、その関係は幕末のころになってもまだ続いていた。

文久元年（一八六一）三月三日、土佐郡井口村の永福寺門前で起こった大騒動は、そんな彼らの対立がまねいた事件だった。

当日の夜、上士の山田広衛《ひろえ》が茶人の益永繁斎《はんさい》と連れ立って歩いていたところ、永福寺の門前で下士の中平忠次郎と出会い頭に突き当たった。中平を下士と見てとった山田は、無礼者として、その場で斬り捨ててしまった。

中平と一緒にいた宇賀喜久馬《うがきくま》が、小高坂村に住む中平の兄の池田虎之進に知らせると、急ぎ現場に駆けつけた池田は、怒りにまかせて山田と益永を斬殺した。弟の仇を討った池田の家には、仲間の下士たちが大勢集まって気勢をあげ、一方、山田家のほうには上士が参集して、城下は騒然となった。

上士側は、山田らを斬った池田の身柄を引き渡すように求めたが、下士側では、責任は山田にあるとして要求を拒絶する。あわや上士と下士の間で戦闘がはじまろうかというところで、当事者の池田と宇賀は、みずから切腹して果てたのだった。

責任はもとより上士側にあったが、このままでは城下を二分しての戦になりかねない。そう考えた池田らは、自分の命を捨てて事態の収拾をはかったのだ。宇賀のほうは、まだ十九歳の少年だった。

この事件に、龍馬が関与していた確実な証拠はない。『維新土佐勤王史』に当夜のこととして、

「坂本等、一時池田の宅に集合し、敢て上士に対抗する気勢を示したり」

とあるのが、龍馬の名が出る唯一の記録である。ただ、池田家のある小高坂村は、龍馬の住む本町から近く、近所でそんな騒動があれば、下士の一人として参戦するのはごく自

然なことだった。龍馬も当夜、池田家に駆けつけ、上士に対する対抗意識を燃やしていたであろうことは十分に考えられる。

ちなみに、坂崎紫瀾の『汗血千里駒』では、龍馬が劇的に登場する。

それは龍馬が、自刃して果てている池田虎之進に近づき、自分の刀の白い下げ緒をほどいて血潮のなかに浸し、血染めの下げ緒を一同に見せながらこういったというものだ。

「みんな見ろ。これが益荒男《ますらお》の魂が込められた最期の形見だ。池田はわれわれ下士の気力を奮い立たせるため、みずから犠牲となったのだ」

まるで時代劇のようなこの場面は、さすがに事実ではないだろう。『汗血千里駒』は、龍馬の生涯を綴った伝記ではあるが、小説的な脚色が全編にほどこされているため、史実なのかどうかは慎重に見極めなければならないのである。

平井加尾への手紙

そのころ龍馬と親しかった者に、井口村の平井《ひらい》収二郎《しゅうじろう》という郷士がいた。年齢も龍馬と同じ二十七歳。

この平井家と坂本家は家族ぐるみのつきあいをしていたといい、特に収二郎の妹の加尾《かお》は、一時期、龍馬と恋仲にあったといわれている女性だった。

当時、山内容堂《ようどう》の妹の友姫（恒姫）が、京都の公家・三条公睦《さんじようきんむつ》に嫁ぎ、公睦が安政元年（一八五四）に没したあとは、信受院と称して土佐藩京都藩邸で暮らしていた。その信受院の侍女として身のまわりの世話をするために、安政六年（一八五九）に上京したのが平井加尾だった。

加尾が京都にいたのは文久二年（一八六二）までの三年間であったから、龍馬との関係は、おそらく安政六年の上京以前のことと思われる。江戸の千葉佐那と、どちらが先であったのかはわからない。

なお、加尾が三条公睦に嫁いだ友姫の侍女として京都の三条家に仕えていたといった記述をよく見かけるが、誤りである。右に書いたように公睦は安政元年に二十七歳で没しており、そのあと友姫は未亡人として土佐藩邸に移っていた。

安政六年に上京した加尾が仕えたのも、三条家ではなくてこの土佐藩邸だったのである。そのことは書き添えておきたい。

加尾は、この文久元年（一八六一）で二十四歳。美貌の才女であるうえに、義俠心にあつい女性であったといい、土佐藩の下士たちが困窮しているのを救った逸話がいくつか伝えられている。

たとえば、この年の春、池内蔵太が江戸から土佐に向かう途中、盗難にあって無一文になったことがあった。やむなく大小の刀まで売り払って、なんとか京都までたどり着いた池を見て、加尾は哀れに思っていった。

「武士たる者が災難とは申しながら、一刀も身につけずに帰国するのは、さぞかし心外なことでしょう。しばらくの間、これを貸しましょう」（『平井女史の涙痕録』）

と、自分の秘蔵の懐剣を渡し、旅費を与えて池を送り出したというのだった。

また四月中旬には、河野万寿弥と弘瀬健太《ひろせけんた》が江戸から土佐に向かう途中、二人とも熱病にかかって動けなくなったのを、介抱してやったこともあった。土佐藩の下士たちにとっては、加尾は京都における最大の庇護者だったのである。

そんな加尾のもとに、ある日、国許の龍馬から手紙が届いた。

少し意味のわかりにくい手紙だが、このようなものだ。

先づ〳〵御無事とぞんじ上候。天下の時勢切迫致し候に付、
一、高マチ袴
一、ブツサキ羽織
一、宗十郎頭巾
外に細き大小一腰各々一ツ、御用意あり度存上候。
九月十三日　　坂本龍馬
平井かほどの

高マチ袴もぶっ裂き羽織も武士の装束であり、それに顔を隠すための頭巾と、細見の刀を用意するようにいっているのだから、加尾に男装をさせようとしていたことになる。龍馬は、何を考えていたのだろうか。

そのことについては、加尾の談話をもとにした『平井女史の涙痕録』に、加尾を御所に入り込ませて朝廷の動向を探ろうと、龍馬が収二郎にいったという話が記されている。収二郎は賛成しなかったようだが、龍馬は独自にその計画を実行しようとしたのかもしれない。

実は加尾は、以前に収二郎から同志の山中駿助にあてた秘密の手紙を運ぶように頼まれたとき、いつものきれいな服を脱いで、下女に扮装して行ったことがあった。また、そのような格好で、薩摩藩邸のようすを門外からうかがったりしたこともあったという。

変装をして偵察したりすることに、あまり抵抗のない行動的な女性だったのだ。そんな加尾の性格を知っていたからこそ、男装をさせるなどという発想を龍馬もできたのかもしれなかった。

このときも加尾は、喜んで龍馬のいうとおりにし、親戚への土産物と偽って袴と羽織を買い、刀は国許の収二郎に頼んで送ってもらった。準備万端ととのえて、龍馬の次なる指示を待っていたのだった。

しかし、残念ながら、それらの用意は無駄なものになった。このあと龍馬からの連絡があった形跡はなく、また龍馬自身が京都に上ってくることもついになかったのである。

土佐勤王党に加盟

前年に中国、九州方面を遊歴した武市半平太は、この年、すなわち文久元年（一八六一）四月には江戸に旅立っていた。

江戸では、長州藩士久坂玄瑞《くさかげんずい》や、薩摩藩士樺山三円《かばやまさんえん》と交際し、ついに彼ら二藩と、三藩勤王同盟を結ぶに至る。尊王攘夷運動は、ここにきて最高潮の過熱ぶりを見せていたのだった。

武市は、土佐藩内の有志を統合して、尊王攘夷勢力を結集することを急ぎ、そのころ江戸に来ていた同志たちを集めた。大石弥太郎、島村衛吉、柳井健次《やないけんじ》、河野万寿弥、小笠原《おがさわら》保馬《やすま》、池内蔵太、弘田恕助、それに武市の八人が、血盟を誓い合った。

こうして八月に結成されたのが、土佐勤王党である。勤王とは、王事に勤めるという意味で、尊王よりもやや積極的に天皇を崇拝するニュアンスがあった。

「堂々たる神州、戎狄《じゆうてき》の辱しめをうけ、古より伝はれる大和魂も今は既に絶えなんと、帝は深く嘆き玉ふ――」

大石弥太郎が起草した土佐勤王党盟約文には、天皇のために命を投げ出そうという彼らの決意が込められていた。

武市は次に国許の同志を糾合するため、九月三日、急ぎ帰国の途についた。同月下旬には早くも土佐に帰り着き、翌日から同志の募集がはじめられた。

このとき、武市が最初に声をかけたのが、龍馬だった。当時の龍馬は、まだ志士としては未熟であり、それほど熱烈な尊王攘夷論者というわけでもなかった。

にもかかわらず、武市の龍馬に対する評価はきわめて高かった。武市ならではの慧眼《けいがん》が、龍馬の人物をいち早く見抜いていたとでもいうべきか。

そのころのこととして、こんな逸話が伝わっている。

新町田渕の武市の家には、勤王党の同志が日々、出入りをしていた。時勢論などをたたかわせては夜をふかし、三々五々退散するのだが、龍馬は玄関を出ると、いつも門柱に向かって立ち小便をして帰っていくのだった。

妻の冨《とみ》がたまりかね、夫にそのことをいうと、武市は逆に冨をたしなめるのだった。

「龍馬ほどの人物だ。小便くらいは大目に見てやれ」

夫にそういわれ、冨は仕方なく我慢するようになったという（平尾道雄『新版龍馬のすべて』）。

そんな武市の信頼の大きさにくらべ、龍馬のほうでは土佐勤王党にそれほどの期待をしていなかったふしがある。もちろん尊王攘夷には異存はなかっただろうが、親友の武市に誘われたからというのが最も大きな加盟理由ではなかったか。

このあとの龍馬の勤王党に縛られることのない自由な行動が、それを思わせるのである。

ともあれ龍馬は、血盟の九人目、土佐での最初の加盟者として名をつらねることとなった。ほかにも平井収二郎、間崎哲馬《まざきてつま》、吉村虎《よしむらとら》太郎《たろう》、中岡慎《なかおかしん》太郎《たろう》といった大物志士が相次いで加盟し、やがてその総数は二百余人を数えるほどとなった。

ただし、この年だけで集まったわけではなく、募集は翌年も広く行われ、名簿が前藩主の山内容堂に提出されることになる文久三年（一八六三）二月までの間、藩内七郡から有志が続々と集まった。

幕末に活躍した土佐藩士のなかで、この勤王党と無関係だった者は、いなかったといっても過言ではない。そしてまた、そのほとんどすべてが、いわゆる下士であったことは注目される。下士こそが、幕末の土佐藩を動かしたといわれるゆえんである。

バラゲたる龍馬

土佐勤王党の同志のうち、龍馬のすぐあとの十人目に加盟した岡本恒之助《おかもとつねのすけ》という人物がいた。

小高坂村の郷士で、龍馬とは親しい間柄だったから、自宅にもよく龍馬はやってきた。岡本の妻の貞《さだ》がそれを出迎えて、丁寧に「お出でなさいませ」と頭を下げるのだが、龍馬はいつもぶっきらぼうだった。

「恒はおるか」

そういうやいなや、勝手につかつかと式台にあがり、屋内に入っていく。しかも、武士が家に入る場合、大刀は鞘ごと腰から抜いて右手に持つのが作法だが、龍馬はそれもせず、いつもふところ手のままであったというのだ。

「無愛想なお人だ」

妻の貞は、龍馬を見るたびにそう思ったという。確かに、失礼きわまりない龍馬だった（平尾道雄『新版龍馬のすべて』）。

またあるとき、新町田渕の武市半平太の家に龍馬と、中岡慎太郎、吉村虎太郎の三人が揃ったことがあった。

その日は武市の妻の冨が、柿をむいてふるまったが、几帳面な中岡はひざを正してから手をのばし、

「かたじけなく」

といって食べ出した。

如才ないところのある吉村は、

「これはうまい。拙者の家にも柿の木がござって、たくさん実をつけるが、とてもくらべものにならぬ」

と、お世辞などをいいながら食べる。

そして龍馬はといえば、相変わらずの無愛想で、何もいわずにむしゃむしゃ食べるだけだった（同書）。

柿の食べ方ひとつとっても、三人の個性がよくあらわれている。特に、龍馬の無愛想ぶりは、多くの人の証言で共通しており、よほどのものだったのだろう。

龍馬は、袴の折り目がなくなっていることなどは一向に気にしなかったし、たとえば、

手紙を書くときに筆の墨が手についたりすると、そのまま平気で袴になすりつける。そんな、子どものような天衣無縫さを持っていた。

人と話をしているときに、話が佳境に入ってくると、夢中になって、羽織の紐をくわえる。そして、唾液のついた紐先を指でぐるぐる振りまわし、唾液が部屋中に飛び散っても、まったく平然としていたという。

こうした龍馬のことを、同志大石弥太郎は、

「龍馬は帯解けひろげのバタラゲたる男であった」

と評した（千頭清臣『坂本龍馬』）。「バタラゲ」るとは、土佐の方言で、「着物を開けっぴろげに着て、胸をあらわにする」ようなことをいう。

そのとおり龍馬は、衣類の柄などは何でもかまわず、一度着れば破れるまでそれを着続けるような人だった。履き物も、近くにあるものを適当に引っ掛けるので、気がつくと片方は女ものの駒下駄だったなどということもよくあった。

龍馬の場合、衣服そのものもバタラゲているが、それよりも、こうした無頓着な性格をバタラゲていると評されたのだろう。大石の評価は、なんとも言い得て妙な味わいがある。

柿を食べるときですら几帳面だった中岡慎太郎

無愛想で無頓着。土佐の友人、知人の目から見た龍馬というのは、おおむねそのような人物だったのである。

久坂玄瑞との出会い

文久元年（一八六一）十月上旬、龍馬は剣術の師匠日根野弁治から、「小栗流和兵法三箇条」を与えられた。

「右三箇条は当家深秘の極意なり」と記されたこの目録は、いわゆる皆伝免許だった。この上に「小栗流和術極意書」という奥伝免許も存在するが、とりあえず龍馬は小栗流を修めたことになる。

十四歳で入門してから、断続的に修行を続けて十三年目。ようやくここまで来たかと、龍馬も感慨深いものがあったことだろう。

剣術修行に区切りがついたことに関係するのかどうか、その直後、龍馬は行動を開始した。

十月十一日、武市半平太の使者として、龍馬は長州の久坂玄瑞のもとへ向かったのである。久坂は武市の江戸以来の同志であり、このときは武市が龍馬を引き合わせようとしたものだろう。

ただ、龍馬の旅立ちについて、同志樋口真吉《ひぐちしんきち》の日記にはこう記されている。

「十一日　坂龍飛騰《ばんりようひとう》」

樋口の日記では、武市半平太小楯《こだて》（小楯は諱《いみな》）のことを略して「武楯」などと書いている場合があるので、「坂龍」が龍馬のことであるのはいうまでもない。それが「飛騰」、つまり飛び上がったというのだから、このときの龍馬の旅立ちには特別な意味があったことを樋口は知っていたに違いなかった。

土佐を出国するにあたっては、藩庁の許可を得る必要があったが、長州へ行くといっても認められるはずがない。そこでいつものように剣術修行を名目にして、一か月間の期限つきで、讃岐丸亀藩の矢野市之進の道場を訪問するということにした。

無事に許可を得て土佐を出立した龍馬は、実際には瀬戸内海を渡って山陽道を下り、長州へと向かった。しかし、龍馬が長州に着いた十月下旬ごろ、いまだ久坂は江戸から帰ってきておらず、会うことができなかった。

やむなく龍馬は、いったん長州を去り、大坂方面に向かうことを決めた。せっかく藩外に出ることのできた機会を無駄にはしたくなかったのだ。一か月間という期限は過ぎてしまうため、藩庁のほうには、旅先から翌年二月までの修行の延長を申し入れておいた。

なぜ龍馬が大坂に行こうとしたかというと、土佐藩がこの年五月に完成させたばかりの住吉陣営が大坂にはあったからだ。これは、大坂湾の防備のために幕府から設置を命じられた軍事施設で、同志の望月清平《もちづきせいへい》らが派遣されて詰めていた。

江戸で黒船に遭遇して以来、海岸線の防御について敏感になっていた龍馬としては、新しくできた土佐藩自慢のこの施設を、一度見ておきたいと思ったのだろう。

十一月六日に大坂に着いた龍馬は、十一日に望月と会い、旧交をあたためている。望月清平は小高坂村の郷士であったが、上士の末席である新御留守居組にそのころ登用されていた。上士になったとはいえ、弟の亀弥太《かめやた》とともに、龍馬との親しい間柄は続いていたのだ。

そのあと、しばらくの間、龍馬の足跡が判明していないのだが、あるいは大坂で年内一杯を過ごしていたのかもしれない。再び龍馬が長州萩に姿をあらわしたのは、年が明けた文久二年（一八六二）一月十四日のことだった。

目的の久坂玄瑞は、前年の十一月十一日に長州に帰国していたから、ここにようやく龍馬との対面が実現した。

久坂は、安政の大獄で処刑された吉田松陰の門人で、高杉晋作とともに松陰門下の双璧と称された傑物だった。当時、松陰の門人たちが長州藩尊攘派の中心的存在になっていたが、なかでも若き指導者として同志を率いていたのが久坂だった。

まだ二十三歳。龍馬は二十八歳になっていたから、久坂はそれより五歳も若かったことになる。二人の会談は、十五日、十七日、二十一日と三日にわたって行われたが、どのようなことが話し合われたのだろうか。

どうやら、もっぱら久坂が尊王攘夷論を語っただけで、龍馬は説を拝聴するだけにとどまったようだ。尊攘の志士としてすでに実績のある久坂と、龍馬とではまだキャリアに差があったのである。

久坂の尊攘論というのは、ほぼこのようなものだった。

「諸侯たのむにたらず、公卿たのむにたらず、草莽《そうもう》志士糾合義挙のほかにはとても策これなきことと、私ども同志中申し合いおり候ことにござ候。失敬ながら、尊藩も弊藩も滅亡しても大義なれば苦しからず――」

これは、二十一日に龍馬が久坂から託された武市あての手紙の文面である。

藩などはあてにならないから、志士各々が藩という枠を越えて連合し、超党派の勢力をつくるほかに尊攘を実現する方策はないと、久坂は熱く語った。さらには、土佐藩も長州藩も滅亡しても、尊王攘夷の大義のためにはかまわないというのだから、久坂の尊攘論は過激だった。

これは、江戸で久坂と同盟を結んだ武市の考えとは一致していない。武市はあくまでも土佐藩全体を尊王攘夷の方向に持っていくことをめざしており、最後までその理想論を捨てることができなかった。

現にこのころ、土佐藩は吉田東洋《よしだとうよう》という保守派の参政が実権を握っていて、武市の勤王党の活動を阻《はば》んでいた。それでも武市は、ねばり強く訴え続け、藩が尊攘に目覚めてくれるのを待ったのだった。

しかし、龍馬はそうではなかった。

久坂が語った超党派構想は、龍馬の心を大きく揺さぶることになった。

龍馬自身、二度の江戸遊学を経験して、せまい土佐に閉じこもっていることの無意味さを誰よりもわかっている。

加えて、藩という枠を越えて行動するということに、持ち前の自由人としての血が騒いだ。

藩という枠を越える。すなわち、脱藩ということだ。

このときを境に、龍馬は脱藩に向けて動きはじめることになる。龍馬に久坂を会わせたことは、武市にとっては結果的に大きな誤算だったといえるかもしれなかった。

龍馬という蛟龍が、いま本当の龍に脱皮し、天高く飛騰するときがやってきたのである。

第二章 龍馬と海

我のみぞ知る

坂本龍馬が、和歌をよく詠んだことはあまり知られていない。現在、龍馬のものといわれる和歌は二十数首伝わっている。いくつか掲げてみよう。

春くれて五月まつまのほととぎす　初音をしのべ深山辺のさと
藤の花今をさかりに咲つれど　船いそがれて見返りもせず
短夜をあかずも啼てあかしつる　心かたるな山時鳥

このように、なかなか情緒的な歌が多い。見ようによっては、あまり龍馬らしくないと感じられるほどの名歌である。

そのなかで、これこそ龍馬だと思える歌が一首ある。

世の人はわれをなにともゆはばいへ　わがなすことはわれのみぞしる

土佐の方言でいう「バタラゲ」で、奇行の目立つ龍馬に対しては、世間の評価は厳しいものもあった。そんな声を、龍馬はまったく気にしなかったわけではなく、内心では多少気にかかっていた。

しかし、他人の目ばかり気にしていては、何もできはしない。自分が正しいと信ずることがあれば、他人に何といわれようと、曲げることはできないものだ。

所詮、その行動が正しいかどうかは、自分だけしかわからないということなのである。

文久二年（一八六二）一月二十三日、龍馬は久坂玄瑞と別れ、長州を出立した。

久坂によって脱藩という方向性を示唆された龍馬は、確実に心が動いていた。

尊王攘夷の実現のためというのもあったが、それよりもむしろ、せまい土佐のなかにいるよりも、広い世間に出て自由に羽ばたいてみたいという気持ちが、龍馬としては大きかったのではないか。

持ち前の好奇心と行動力が、龍馬をじっとさせてはおかなかったのだ。

しかし、脱藩というのは大罪だった。本人が罪を問われるのはもちろんのこと、残された家族にまで累が及ぶ可能性さえあった。それを考えると、簡単には脱藩を決行することはできなかったのである。

とりあえず、まだ藩から許された期限までには余裕があったため、すぐには土佐に帰らず、もう一度大坂まで行ってみることにした。

二月八日に住吉陣営を訪れ、望月清平、安岡覚之助《やすおかかくのすけ》、檜垣清治《ひがきせいじ》といった同志と再会し、四、五日の間、時勢について大いに語らった。そのあと、『維新土佐勤王史』では京都に向かったことになっているが、これは傍証がなく事実かどうかわからない。

ただ、事実であるとすれば、京都藩邸にいる平井加尾と会うことも可能だった。龍馬からいわれたとおりに男装の用意をして待っていた加尾と、はたして再会することはできたのだろうか。

加尾自身は、龍馬とはついに会えなくて残念だったと、『平井女史の涙痕録』のなかで語っているのだが……。

龍馬が、そのあと土佐に帰り着いたのは二月二十九日のことだった。

実は、龍馬が上方方面でのんびりとしている間に、事態は急を告げていた。龍馬に引き続き武市の使者として長州を訪れ、二月十六日に久坂と対面した吉村虎太郎が、やはり脱藩に向けて動いていたのである。

土佐を脱藩

そのころ、薩摩藩の実権を握る島津久光が、幕政改革のために一千人の兵を率いて江戸に向かうという情報が広まっており、諸藩の尊攘志士は、これを機会に一気に倒幕を実現させようともくろんでいた。

この挙兵計画の首謀者の一人が久坂であり、吉村はその誘いを受けて脱藩を決心したのだった。吉村は、高岡郡の大庄屋の出身で二十六歳。例のふるまい柿を、如才なくお世辞をいいながら食べる男である。

二月二十七日に土佐に帰った吉村は、まず勤王党首領の武市に挙兵参加を提言したが、あくまでも一藩勤王にこだわる武市は、これに反対した。やむなく吉村は、同志の宮地宜蔵《みやじぎぞう》ひとりを伴って三月七日に脱藩する。

この吉村と宮地が、幕末における土佐藩の最初の脱藩者となった。

次いで三月九日、三人目の脱藩者もあらわれた。土佐郡潮江村の地下《じげ》浪人・沢村惣之丞《さわむらそうのじょう》がそれで、吉村らとは別途に藩境を越えて長州へ向かった。年齢は二十歳。地下浪人とは、郷士の権利を売却してしまった低い身分の者だった。

吉村と宮地は十一日に長州の久坂のもとに到着したが、脱藩できたのがわずか二人だけとはいいにくかったのか、あとから十余人も来ると偽った。久坂はそれを信じてよろこんだものの、実際には誰も来る予定はない。

十五日に下関で沢村と合流して、ようやく三人になったとはいえ、これでは久坂に対しての面目が立たなかった。

そこで吉村は、沢村に、いったん土佐へ戻って同志を勧誘してきてほしいと依頼した。頑固な武市も、自分たちが長州で見聞した逼迫した時勢を伝えれば心も動くのではないかという期待があった。

これを了承した沢村は、ひとり下関から土佐へ引き返し、二十二日に城下に舞い戻った。その日の深夜、ひそかに武市のもとを訪れた沢村は、あらためて挙兵への参加を求めたが、武市はどうしても承知しなかった。

それどころか、沢村を自宅に軟禁し、勝手に同志と接触することを禁じたのだった。期待はずれの事態に、沢村は落胆した。

しかし、沢村がいったん脱藩して戻ってきたことを聞いて、武市家にやってきた者があった。龍馬である。

みずからも脱藩を考え、迷っていた龍馬にとって、沢村が戻ってきたことは、まさに運命的なものに感じられた。いわば、天が自分の背中を押してくれているとしか思えなかったのだ。

それで龍馬は、藩外の情勢を聞くためといって、沢村への面会の許可を武市に願い出た。仕方なく武市は、龍馬と、河野万寿弥の二人だけに沢村への接見を許した。

龍馬たちが来たのをよろこんだ沢村は、自分が土佐の同志を勧誘するために戻ってきたこと、久坂玄瑞のもとに諸藩の浪士が結集しつつあることなどの状況を語った。そして、なんとか自分とともに脱藩してくれるようにと懇願するのだった。

これを聞いた龍馬は、もう迷わなかった。

この絶好のチャンスを逃せば、脱藩に踏み切る機会は二度とやってこないと思ったのだ。

家族のことは気がかりだったが、龍馬の挙動不審に気づいた姉の乙女が「心配するな」といってくれた。乙女が嫁いだ岡上家は、坂本家のすぐ近所であったから、行き来するのも容易だった。

むしろ、龍馬を子どものころから親代わりになって育てあげた乙女であったから、いま大きく羽ばたこうとしている弟を見て、感慨深いものがあったかもしれなかった。それればかりか、兄権平に内緒で、坂本家秘蔵の名刀・肥前忠広を出してきて、龍馬に与えた。日ごろから龍馬がこの刀を欲しがっていたのを知っていた乙女は、旅立ちにあたり餞別《せんべつ》としたのだった。

龍馬は姉の気持ちに感激し、刀を押し戴《いただ》いて深々と頭をさげた。

「姉上の賜物、ありがたく頂戴いたします」

そういって、双眸《そうぼう》からはらはらと涙を落とす龍馬だった（『汗血千里駒』）。

旅立ちの路銀までは乙女も用意できなかったから、親類の弘光左門という人から十両を借りた。権平には翌日から旅行に行くといっておいたが、昼間に出立すると人目につくため、三月二十四日の夜のうちにひそかに龍馬は家を出た。

手引き役の沢村惣之丞、見送りの河野万寿弥と合流したあと、朝倉村で河野と別れ、龍馬らは土佐をあとにした。

生まれ育った故郷を捨てるのだから、寂しくないはずはない。しかも脱藩という罪を犯す以上、おそらくは二度と戻ることのできない旅立ちだった。

万感の思いで龍馬が歩いた脱藩の道（高知県高岡郡梼原町）

それでも龍馬は、自分を突き動かす衝動を抑えきれなかった。広い世の中には、自分にしかできないことがきっとある。そのためにいま、自分は飛び立たなければならない。そう信じて、夜更けの道を歩く龍馬であった。

龍名に恥じず

文久二年（一八六二）三月二十四日夜、龍馬が脱藩したという情報は、翌日すぐに土佐勤王党の同志たちの間をかけめぐった。

武市半平太は、自分が沢村惣之丞への接見を許したことが龍馬の脱藩につながったのだから、無念でならなかった。それでも、他の同志たちの手前、平気をよそおってこういった。

「龍馬は土佐の国にあだたぬやつだから、広いところへ追いやったのだ」（千頭清臣『坂本龍馬』）

あだたぬというのは、土佐の方言で、「おさまりきらない」という意味だ。武市が龍馬という人間を的確に把握していたことについては感心させられる。

また武市は、龍馬のことを次のような漢詩に詠んでいる。

肝胆もとより雄大
奇機おのずから湧出す
飛潜誰か識るあらん
ひとえに龍名に恥じず

これはいつ詠んだものかは伝わっていないのだが、この時期より前では褒め過ぎのように思えるし、この時期よりあとでは二人に接点がなさ過ぎる。やはり、この脱藩のころに詠んだものとみるのが妥当だろう。

「飛潜」というのは、空を飛んだり、水に潜ったり、まさしく龍が行動しているさまを表現している言葉だ。そしてその行動の振幅を、いったい誰が知っているのだろうかと武市は問いかけている。

龍馬のことを誰よりも高く評価し、把握していた武市にしか詠むことのできない詩といえるのではないだろうか。

もうひとり、平井収二郎も龍馬の脱藩を知って驚いた。

脱藩そのものもそうだが、京都藩邸にいる妹の加尾のことが心配になったのだ。

「坂本龍馬が、昨二十四日の夜脱藩した。きっとそちらへ行くと思うが、たとえ龍馬からどのようなことを相談されても、決して承知しないように。もとより龍馬は人物ではあるが、書物を読まないので時には間違えることもある」

龍馬が京都へ行って妹をそそのかしたりする前に伝えようと、平井はこう手紙に書い

て、急ぎ加尾のもとへ届けた。

結果的には、このあと龍馬が加尾のもとを訪れることはなかったため、心配は取り越し

苦労に終わった。平井も妹の無事を知り、ほっと安堵したことだろう。

一方、二十六日に国境の宮野々関を越えた龍馬らは、伊予を横断し、瀬戸内海を渡っ

て、四月一日にようやく長州藩領の下関に着いた。脱藩は無事、成功したのだ。

しかし、下関で待っていると約束した吉村虎太郎らは、すでに前月二十四日に大坂方面

に向かって出立してしまったという。上方の情勢が変化したためであろうことは想像でき

たが、決死の思いで引き返し、龍馬を連れてきた沢村にとっては残念なことだった。

それで、今後どうするかを一晩かけて考えた結果、

「いまさら吉村のあとを追うのは、あまりおもしろくない」（『維新土佐勤王史』）

ということになり、二人は吉村らとは行動をともにしないことを決めた。

もともと龍馬は、久坂玄瑞の説く超党派構想には賛同していたが、今回のような性急な挙兵計画には乗り気ではなかった。だから、ここで吉村に会えなくても、それほど落胆はしなかったのである。

実は龍馬には、脱藩して自由の身になれたら、行ってみたいと思っているところがあった。それは、九州の薩摩だった。

吉田東洋の暗殺

あれは安政元年（一八五四）のことだから、もう八年も前のことになるが、土佐の絵師河田小龍と会ったときに、龍馬は薩摩という国がいかに進んでいるかという話を聞いた。

それによれば、薩摩藩では早くから反射炉や溶鉱炉が造られ、高性能の大砲などを鋳造

しているという。江戸で佐久間象山に入門して以来、西洋砲術には高い関心を持っていた龍馬である。薩摩の技術がどれほど進んだものなのか、実際に見てみたいと思ったのも当然のことだっただろう。

ただ、自分のわがままに沢村までつきあわせるわけにはいかなかったから、沢村には先に京都へ行くように勧めた。自分もあとから遅れて京都に向かうことにするが、先発して朝廷のようすを探っておいてほしいと依頼したのだった。

龍馬と違って、沢村はもちろん、京都のような大都会に出たことはない。土佐の地下浪人の家に生まれた沢村としては、都に対する憧れの気持ちもあっただろうから、内心では早く京都に向かいたいと思っていたに違いなかった。

それで話がまとまり、翌日、龍馬は西に、沢村は東に向かって旅立った。

ところで、そのころ国許の土佐では藩政を揺るがす大事件が起こっていた。四月八日、参政の吉田東洋が、武市半平太の土佐勤王党によって暗殺されたのである。

前述したように、吉田は藩政改革につとめた逸材であったが、あくまでも幕藩体制下における土佐藩の発展を考えていたから、武市らの主張する尊王攘夷論には耳を貸すことがなかった。このまま吉田が参政の座に居座っている限り、尊王攘夷の実現はありえないとみた武市は、ついに最後の手段に出たのだった。

勤王党のなかから刺客として選ばれたのは、那須信吾《なすしんご》、大石団蔵《だんぞう》、安岡嘉助《かすけ》の三人。八日の夜、高知城から吉田が帰るところを帯屋町で待ち伏せ、突然斬りかかった。

吉田もそれなりに武芸の心得があったから、刀を抜いて応戦したが、三人が相手では分が悪かった。やがてその場に討ち果たされると、那須が首を斬り落とし、用意した下帯にくるんで運び去った。逃げる途中、野良犬が首の臭いをかぎつけて吠えるので、大いに迷惑したと、那須自身がのちに語っている。

やっとのことで、かねてからの手はずどおりに思案橋の観音堂で待つ同志たちに首を渡すと、そのまま那須らは城下を脱出した。首尾よく吉田を倒したら、刺客の者はその足で脱藩することになっていたのだった。

武力をもって尊王攘夷を実現させようとする武市の志向は、吉田東洋暗殺が成功したことにより、このあと激化していくことになる。

一方、下関から九州に向かった龍馬であったが、薩摩入りという目的は果たせないでいた。

当時の薩摩藩では、藩の情報が外にもれるのを極端に嫌い、他藩人の入国を認めていなかったからだ。龍馬もそのことは知ってはいたものの、なんとかなるのではないかという期待をもって現地に向かったのだった。

が、やはり入国は許されず、むなしく引き返すことになったのである。

九州を縦断して本州に渡り、山陽道を上方に向かって歩き続ける。龍馬がようやく大坂までたどり着いたのは、六月十一日のことだった。

二か月前に下関で別れた沢村惣之丞が、そのころ公家の河鰭《かわばた》家に公家侍として住み込んでいた。龍馬の指示どおり、朝廷の情報を得るために沢村も尽力していたのである。

その沢村を大坂まで呼び寄せ、京都の情勢を聞いたところによると、吉村虎太郎らは四月二十三日に伏見の寺田屋事件に連座して捕縛され、挙兵計画は潰《つい》えてしまったという。挙兵には賛成ではなかった龍馬だったが、心境は複雑であっただろう。

とりあえず沢村を京都へ帰し、次いで龍馬は、大坂住吉陣営の望月清平に連絡をとった。望月の使いとして、陣営からは田中作吾がやってきたが、この田中が龍馬に驚くべきことを告げた。

なんと龍馬に、吉田東洋殺害犯としての嫌疑がかかっているというのである。

懐かしき江戸

龍馬にとっては、まさに寝耳に水の話だった。

三月二十四日に脱藩した自分が、四月八日に吉田東洋を暗殺できるわけがないではないか。そうは思ったが、事情を知らない者から見れば、ほぼ同時期に脱藩している龍馬が怪しいと思うのも、やむをえないことかもしれなかった。

「いつ藩邸から追っ手が差し向けられるかわからないから、急いで大坂を去れ」（『維新土佐勤王史』）

田中作吾がそう警告してくれたので、龍馬はとりあえず、大坂をあとにして京都に入った。

京都では、大石弥太郎が滞在していると知ったので、旅宿を訪れて面会した。ちょうど大石は江戸から帰国の途中、急病にかかって宿で養生していたところだったが、旧友の龍馬と会えてよろこんだ。

久しぶりの歓談のさなか、ふと大石が龍馬の刀の柄を見ると、どうしたことか白い布が巻きつけてある。不思議に思って大石が尋ねると、龍馬は笑いながらこういった。

「縁頭《ふちがしら》を売って旅費にしたのだ」（同書）

縁頭というのは、刀の柄の先端の部分で、美麗な細工がほどこしてあることが多かった。上質なものになれば、その部分だけでも高く売れたから、旅費に困った龍馬は売り払ってしまったのだ。

このときに龍馬が持っていた刀といえば、いうまでもなく、脱藩したときに姉・乙女が渡してくれた肥前忠広だった。大事な忠広の縁頭も売らなければならなかったほど、龍馬は窮乏していたのである。

直後の七月二十三日、龍馬は樋口真吉にも会っている。

樋口は、前年に龍馬が長州に旅立ったとき、「坂龍飛騰」と日記に書いたあの人物である。幡多《はた》郡中村の郷士で四十八歳。

あのときは、期待と予想を込めて「飛騰」と書いたが、いま龍馬は土佐を脱藩し、まさしく飛騰していた。すでに当時としては高齢の域に入ろうとしていた樋口にとっては、うらやましいばかりの龍馬の行動力だった。

そんな樋口のこの日の日記を見ると、

「廿三日、逢龍馬、贈一円」

と書かれている。一円というのは一両のことだが、刀の縁頭を売らなければならないほど困窮していた龍馬を見て、思わずふところから一両を出して与えたのだろう。

一両は、現在の貨幣価値に換算すると、およそ十万円に相当する。このときの樋口が藩の徒士目付という役職についていたとはいえ、決して少ない金額ではない。

それでも樋口は龍馬に一両を贈って、激励しようとしたのだった。龍馬という人間が、いかに他人から愛され、期待をかけられていたかがうかがえるのである。

樋口と別れたあとの龍馬の足どりは、はっきりしていない。

おそらくは、京都、大坂方面にとどまっていては、藩の追及の手が伸びるのも時間の問題と思ったのだろう。追っ手から逃れるためには、もっと土佐から遠ざからなければならない。そう思ったものか。

その姿は、八月某日、突然江戸にあらわれる。

江戸に着いた龍馬は、脱藩の身であるため、以前に起居していた藩邸に入ることはできない。もしうっかり顔を出せば、すぐに捕縛され、国許に強制送還させられてしまうのは明白だった。

そんな龍馬が唯一頼ることのできたのは、かつて北辰一刀流の剣術を修行した、京橋桶町の小千葉道場だった。千葉定吉、重太郎、そして佐那のいる、懐かしいあの場所である。

萬年屋の夜

おそらくは再び会うことはないと思っていた龍馬が、突然目の前にあらわれたのだから、千葉家の人々は驚いたことだろう。

しかも話を聞けば、土佐を脱藩してきたという。龍馬というのは、どこまで自由人なのだろうと、あらためてみな思ったに違いなかった。

龍馬のほうでは、二度の剣術修行を通じて、いつしか千葉家は心身ともに安らげる場所になっていた。いわば龍馬にとっての、もうひとつの故郷のようになっていたのである。

この千葉家で起居しながら、龍馬は日々、自分のなすべきことを考えていた。

そんなある日、意外な人物が江戸に到着した。土佐に残って活動しているはずの武市半平太である。

尊王攘夷の実行を幕府に訴えるために朝廷から送られた勅使の一行に加わってきたものだった。勅使の正使は三条実美《さんじょうさねとみ》、副使は姉小路公知《あねがこうじきんとも》らの公家で、武市は姉小路の雑掌《ざっしょう》・柳川左門という仮の名を与えられていた。

この年の七月から九月にかけて、京都で岡田以蔵らに命じて幕府方の者を何人も暗殺するなど、やり方が強引になってきた武市だったが、土佐勤王党の者を多く勅使の一行に加え、まさに得意の絶頂というべき時期だった。

一行が、江戸城辰ノ口にある伝奏屋敷に入ったのは、十月二十八日。武市も屋敷入りして、幕府の歓待を受けた。

龍馬との再会がいつのことであったかはわからないが、十一月十二日付の長州藩士・久坂玄瑞の日記に、おもしろい部分がある。

「同十二日暢夫《ちょうふ》同行、勅使館に往、武市を訪、龍馬と萬年屋一酌、品川に帰る」

暢夫というのは、長州藩士高杉晋作のこと。つまりこの日、久坂は、高杉と同行して勅使屋敷にいる武市を訪れ、そこにたまたまいた龍馬も加えて、萬年屋《まんねんや》という店で一献かたむけたというのである。

幕末の土佐藩と長州藩を彩る英雄たちが一堂に会した、なんと豪華な席であることか。龍馬、武市、久坂、高杉の四人が席を同じくするのは、あとにも先にもこのときだけとなる、貴重な夜ということになった。

久坂にしてみれば、かつて長州で会ったときは志士として未熟に思えた龍馬が、土佐を脱藩してひとまわり大きくなってあらわれたことは意外だった。短期間でこれほども頼もしく成長したのかと、驚いていたかもしれない。

そしてそんな龍馬や、かつて同盟を結んだ武市に、自藩の傑物高杉晋作を引き合わせることができ、この夜の久坂ははじめは上機嫌でいたことだろう。

ところが、席上、久坂がもらしたのは、横浜の異人館を襲撃し、外国人を殺害するという過激な攘夷策だった。しかも、決行日が二日後にせまっているというのである。

この計画には、龍馬も、武市も反対した。

龍馬は、そうした単純な攘夷などは無意味なことと早くからさとっていたし、武市のほうは、いま自分たちが朝廷を動かして幕府に条約を撤廃しての攘夷を誓わせようとしているのだから、よけいなことはしてもらいたくないという思いがあった。

それで龍馬と武市は、暴挙を思いとどまるようにいったが、もちろん簡単に中止するような久坂らではない。結局、宴は早々に解散となり、久坂と高杉は品川の土蔵相模《どぞうさがみ》に帰っていった。

武市としては、久坂を裏切るようなことになって心苦しかったが、事態を勅使に報告しないわけにはいかない。勅使を通じて、当時江戸にあった長州藩世子《せいし》・毛利定広の耳に情報が入り、翌日、久坂らの攘夷計画は鎮圧されることになる。

龍馬にとっては、自分に脱藩という道を示してくれた久坂との久々の再会だったが、同時にそれが二人の分かれ道となった。このあと二人が顔を合わせることはついになかったのである。

松平春嶽への謁見

龍馬には、ペリーの黒船と遭遇して以来、欧米列強の侵略によって日本が滅びるのではないかという危機感があった。

とはいうものの、久坂玄瑞らのように単純な攘夷行動に出たところで、どれほどの意味があるのか。現時点での日本の武力では、諸外国を打ち破ることは不可能としか思えなかった。

龍馬が思うには、彼らに勝つための方法はただひとつ。日本も黒船を手に入れるほかにないのである。それは、みずからが黒船を目の当たりにした経験によるものであり、土佐で出会った絵師河田小龍の持論でもあった。

この構想を実現するためには、現政権である幕府が金を出して、船を買ったり造ったりしなければならない。大金を必要とする事業であるから、幕府を動かさなくてはどうにもならなかったのである。

そこで龍馬は、幕府の上層部に直接かけあって、持論を述べることを考えた。

そのころ龍馬が江戸で交遊していた土佐藩士のなかに、間崎哲馬（滄浪《そうろう》）がいた。城下種崎町の郷士で二十九歳。土佐では三奇童のひとりに数えられるほど、学問にたけた人物だった。

あるいは、事情通のこの間崎に教えられたものだろうか。龍馬が交渉の相手に選んだのは、前越前福井藩主・松平春嶽《しゅんがく》（慶永）。この七月に幕府の政事総裁職に就任した大物だった。

かつての大老の地位にも相当する重職にあるこの春嶽に、龍馬は直談判することにしたのだ。一介の土佐藩士、しかも脱藩した浪士が、幕府の第一人者に紹介もなしに会いにいくというのだから無謀な話だったが、このあたりが龍馬らしいところというべきか。

間崎と、もうひとり近藤長次郎という同志を連れて、龍馬が常盤橋の福井藩邸を訪れたのは、文久二年（一八六二）十二月四日のことだった。近藤は、高知城下水通町の餅菓子商の出身で二十五歳。あの河田小龍の門人で、龍馬とは幼なじみでもあった。

その日は、当然といえば当然のことながら、春嶽との対面はかなわなかった。しかし、幸いなことに、福井藩側が明晩ならば謁見に応じると約束してくれた。龍馬らはよろこび、その日は退散したのだった。

春嶽がなぜ、龍馬らの来訪にこころよく応じたのかはわからない。が、当時国内でも有数の開明派大名といわれていた春嶽である。身分の低い者の意見のなかにも、参考になるものはあると感じていたのかもしれなかった。

翌五日夜、龍馬と間崎、近藤の三人は、再び福井藩邸を訪れた。そこで龍馬が語ったのは、摂海（大坂湾）の防備についての持論だった。

具体的にどのようなものかは伝わっていないが、このころ、イギリス艦隊が摂海に攻め込むという風聞が広まっており、龍馬も防衛体制を考えていたようだ。

龍馬が熱く語るこの意見が、春嶽に感銘を与えた。

それならばということで、海防の担当者を龍馬らに紹介しようということになった。その人物の名は、軍艦奉行並の勝海舟（義邦《よしくに》）。二年前に咸臨丸の艦長としてアメリカに渡ったことで知られていた。

春嶽の維新後の記憶では、龍馬のほうから海舟を紹介してほしいといったことになっているが、それは疑わしい。誰の紹介もなしに春嶽という超のつく大物に会いにいった龍馬ならば、それよりは格下の海舟に会うのに紹介者は不要と思われるからだ。

ともあれ、龍馬の思いきった戦法は、見事に成功した。相手が誰であっても、必要とあれば勇気をふるって会いにいく。そんな龍馬ならではの行動力が、幕末史を動かす大きな力となったのである。

龍馬が松平春嶽と会った福井藩江戸上屋敷跡は
大手町プレイスとして再開発された（東京都千代田区大手町）

勝海舟との邂逅

龍馬が勝海舟に会いにいったのは、開国派である海舟を斬るのが目的だったと、よくいわれることがある。

それは、維新後に海舟自身がそう証言していることによるもので、たとえば海舟の談話をまとめた『氷川清話《ひかわせいわ》』には、次のようにある。

「坂本は俺を殺しにきたやつだが、なかなかの人物さ。そのとき俺は笑って受けてたが、落ち着いて、なんとなくおかしがたい威厳があって、いい男だったよ」

海舟自身がこう語っているのだから、龍馬に殺意があったことは間違いないというのである。

しかし、これまで書いてきたように、単純な攘夷派とは一線を画していた龍馬が、開国派の者を憎むというのは不自然なことだ。まして、いままでに人を一人も殺したことのない龍馬が、どうしても殺したい相手が海舟だったとは考えられないのである。

これについては、海舟が龍馬たちを刺客と勝手に勘違いしていたか、そうでなければ話をおもしろくするために自分で脚色したか、どちらかであることは間違いないだろう。

さて、龍馬が海舟のもとを訪れたのは、十二月九日のことだった。

当日、龍馬はまず近藤長次郎を連れて、再び常盤橋の福井藩邸を訪問している。このときは春嶽に会えたかどうかははっきりしないが、摂海防備についての意見書を図面付きで提出したと記録にはある。

もし春嶽自身に会えていたとすれば、海舟への紹介状は、この日に与えられたものであったと考えることもできるだろう。

そのあと、いったん家に戻って出直したものかどうか、もうひとり門田為之助を連れて、龍馬らは赤坂元氷川坂下の海舟邸に向かった。門田は、やはりこのころ江戸に出てきていて、交遊していた龍馬の旧友だった。

海舟の記憶では、この日、龍馬と同行したのは千葉重太郎ということになっているが、それは海舟の記憶違いと思われる。前後の状況から、同行者は近藤長次郎と門田為之助であった可能性がきわめて高い。

海舟邸に着いた龍馬らは、当然のしきたりとして大刀を腰から抜いて進もうとした。すると、そのようすがわかったのか、奥から海舟の大声が響いた。

「君たち、帯刀したままで来なさい。この不穏な時勢だ。いつ思わぬ災いがあるかわからないよ」

龍馬らは、海舟の言葉に驚いたが、いわれるとおりにして室内に入った。

初対面の海舟は、体格は小柄ながら精悍《せいかん》な顔立ちで、特に眼光の鋭さはただ者ではなかった。その海舟が、龍馬らを横目でにらみながらこういった。

「君たちのやってきた目的はわかっているよ。殺気が眉のあたりにあふれているからね。人の生き死には運命だから、あえて避けようとは思わないが、まず俺の心中の熱血を語らせてくれないか。そのあとで、もし理由があれば君たちの好きにしていいよ」

対面早々に刺客と疑われた龍馬らは困ったが、それにはかまわず、海舟は勝手に語りはじめた。

欧米諸国の兵制の成り立ちからはじまって、その海陸軍の戦力がどれほど強大であるかということ。日本の幕藩体制下の諸藩では、到底かなうはずもないということ。それらは、龍馬もある程度は想像していたものとはいえ、西洋事情に通じた海舟の口から語られると、重みが違って聞こえた。

「世界の大勢はおよそこのようなものだ。どうして攘夷などができるだろうか。それより

龍馬は、勝海舟を斬るつもりだったのか？
（勝海舟屋敷跡・東京都港区赤坂）

は、まず挙国一致して兵制を改革し、海軍を創設して、わが国から進んで諸外国に交易を求め、それによって国富を増進するべきだ」

海舟はそういって、さらに具体的な海軍の構想まで説明した。それは実に壮大で、なおかつ緻密に策定された計画だった。

龍馬は、話を聞いて圧倒されていた。自分がおぼろげながらに抱いていた海軍の必要性を、海舟は明確な計画として持っていた。しかも、現に軍艦奉行並の地位にある人のいうことであるから、夢物語ではなく実現できる話として受け取ることができる。

龍馬はたまらず、ぐいと膝を進めて、いった。

「たったいまから、先生の門人にしていただきたく思います」

海舟の話に感銘を受けた龍馬は、その門人となって、海軍創設のために尽くしたいというのだった。海舟はこれを快諾し、ここに幕臣と尊王攘夷の志士という前代未聞の師弟が誕生した。

右のやりとりは、千頭清臣の『坂本龍馬』によったものであるが、実はこれらの記述以外に、千頭も『氷川清話』などに影響されたらしく、「高説如何によりては、敢て先生に一撃を加へんとせり」と龍馬がいったというふうに書いてある。

しかし、それがいかに不自然な言葉であるかは、もはやいうまでもない。

龍馬に海舟を殺害する意図など、はじめからありえなかった。龍馬と海舟は、出会うべくして出会ったのであり、このあと師弟が日本の未来を切り開いていくことになるのである。

脱藩罪の赦免

龍馬が海舟に入門したとき、同行していた門田為之助と近藤長次郎の二人も、同じく海舟の門人となった。

このうち近藤のほうは、あの河田小龍の門人だったほどであるから、もともと西洋事情にはある程度通じていた。今回の海舟への入門も抵抗なくできたことだろう。

龍馬のおもしろいところは、帰宅後、千葉家の重太郎も同じように誘っていることだ。

ふつうに考えれば、剣術家で、しかも道場の跡継ぎに海軍の修行を誘ったりはしないものだが、重太郎は意外にも乗り気だった。ちょうどそのころ海舟は、軍艦順動丸に乗って大坂方面へ出張するところだったので、龍馬とともに陸路で追いかけることにした。

十二月十二日に江戸を発った龍馬と重太郎が、兵庫に滞在する海舟のもとに着いたのは二十九日のことだった。

当日の海舟の日記には、二人が一緒にやってきたことが書かれているから、もしかすると赤坂の屋敷を二人が訪れたという海舟の記憶は、このときのものと混同しているのかもしれない。

こうして年が暮れ、文久三年（一八六三）の年明けを龍馬は兵庫で迎えた。龍馬、二十九歳。海軍創設という希望に満ちた、新しい年のはじまりだった。

その一月八日、土佐藩から新たに三人の同志がやってきた。望月亀弥太、千屋虎之助《ちやとらのすけ》、高松太郎《たかまつたろう》の三人で、間崎哲馬が藩にかけあって、公式に海軍修行生として派遣されたものだった。

望月亀弥太は、これまでにも何度か登場している望月清平の弟で二十六歳。千屋虎之助は、安芸郡和喰《わじき》村の庄屋出身で二十二歳。そして高松太郎は、龍馬の姉・千鶴の長男で、龍馬には甥にあたる二十二歳の若者だった。

その後も、香我美郡新宮村の郷士で二十六歳の新宮馬之助が海軍修行に参加し、京都で公家侍になっていた沢村惣之丞も久しぶりに龍馬のもとに帰ってきた。

また、千葉重太郎は結局、海舟への入門を思いとどまったようだが、剣術の門人の鳥取藩士・黒木小太郎をかわりに修行に参加させることになった。龍馬が入門して以来、その関係で続々と入門希望者が集まり、海舟の塾は大いににぎわったのである。

一月十三日、海舟を乗せた順動丸が兵庫を出航し、江戸に向かった。

その途中、十五日に伊豆下田港に入ったとき、反対方向から入港してきた大鵬丸に、前土佐藩主の山内容堂が乗り合わせていたのを海舟は知った。

山内容堂は、前名を豊信《とよしげ》といい、安政の大獄に連座して隠居したさいに容堂の号を名乗ったものだった。新藩主となったのは養子の豊範であったが、若年のため、藩政の実権はいまだにこの容堂が握っていた。

海舟は、この容堂と顔見知りであったことから、いい機会だと思い、その日の夜に宿所まで訪ねていって龍馬たちのことを話してみた。

「土佐藩の士で、近ごろ、過激に走り脱藩の罪を犯す者が多いようですが、坂本龍馬以下八、九名がいま私の門下におります。彼らにもとより悪意はありません。願わくば寛大な処分をもって罪をお許しいただき、彼らの身柄を私に預けてくださいませんか」

いま海軍修行をはじめようとしている龍馬らを、脱藩者として強制送還させられては海舟も困る。この機会に脱藩の罪を許してもらうことで、龍馬らが心おきなく修行に尽くせるようにと思ったのだった。

すると、容堂は何も答えず、酒の入った瓢簞《ひょうたん》を手に取っていった。

「まず一杯飲め。そうしなければ自分は答えない」

実は、海舟は酒をあまり飲めるほうではなかったから、この条件には困惑した。しかし、龍馬らの身柄がかかっている以上、しかたがない。懸命に一杯を飲み干した。

容堂は、これですっかり上機嫌になった。

「彼らの身柄は一切まかせる」

そう大笑いしながらいったのである。

海舟は、やったと思ったが、なにしろ相手は酔っているので、あとになって知らないといわれても困る。そこで、

「後日の証拠として、その酒瓢簞をいただけませんか」

と要求した。容堂は、ますます笑って、一本の扇を開くと、そこに瓢簞の絵を書き、そのなかに、

龍馬の脱藩を許してもらうために尽力した勝海舟

「歳酔三百六十回　鯨海酔侯」と墨跡鮮やかに書き入れた。鯨海酔侯というのは、容堂がみずから名乗っていた異名である。

瓢簞は渡せないが、瓢簞の絵を書いてサインをすることで、そのかわりにせよということだ。容堂の粋なやり方に、海舟も満足して扇を受け取ったのだった（勝海舟『亡友帖』）。海舟のこうした懸命な赦免嘆願によって、龍馬らは晴れて脱藩を許され、自由の身になることができたのである。

以蔵の海舟護衛

文久三年（一八六三）二月、龍馬のもとに岡田以蔵がやってきた。

以蔵は、武市半平太の推進する過激な尊攘運動に身を投じ、京都で天誅《てんちゅう》と称して暗殺を繰り返した。武市がやれといえば、以蔵は何もいわずに飛んでいって暗殺剣をふるい、幕府側の者を震えあがらせた。

文久二年（一八六二）から三年にかけて、以蔵が暗殺、もしくは暗殺に加わった事件は、はっきりしているだけでも五件ある。そのなかで、土佐藩士井上佐市郎《いのうえさいちろう》、越後浪士本間精一郎《ほんませいいちろう》、目明かしの文吉《ぶんきち》、京都町奉行所与力の渡辺金三郎《わたなべきんざぶろう》、同心の森孫六《もりまごろく》、大河原十蔵《おおかわらじゅうぞう》、上田助之丞《うえだすけのじょう》、儒者池内大学《いけうちだいがく》の八人が犠牲者となっている。

しかし、武市のためにあれほど尽くしたにもかかわらず、武市のほうでは以蔵を単なる殺し屋としか見ていなかった。だから、天誅が一段落したあとの以蔵は、武市にとっては疎《うと》ましいだけの存在になっていたのである。

自分の居場所をすっかり失った以蔵は、それで龍馬を頼って来たのだった。龍馬とは昔なじみで、人柄もよく知っていたから、自分がいま頼るべき人物は龍馬しかいないと思ったのかもしれない。

あるいは、逆に龍馬のほうから以蔵の境遇を哀れんで誘ったということも考えられる。無益な人斬り稼業に生きるよりも、日本の将来のために海軍を創る。それがいかにすばらしいことかを、龍馬は説いてきかせたに違いなかった。

以蔵が海舟の門下にあったのは、ごく短い期間であったが、そのなかでひとつ有名なエピソードを残している。

三月七日の夜のことだ。京都に着いた海舟は、以蔵を供に連れて市中を歩いていた。すると、寺町通りでいきなり三人の武士が斬りかかってきた。

おそらくは開国派の海舟を憎んだ尊攘派の志士たちであっただろう。しかし、彼らが不運だったのは、この日、海舟のかたわらには人斬り以蔵が控えていたことだった。

以蔵は、すばやく腰の大刀を引き抜いて、敵の一人を真っ二つに斬り裂いた。

「弱虫どもが、何をするか」

そう一喝すると、残りの二人は恐れをなしてその場から逃げ去った。この腕の冴えには、海舟も思わず感心してしまったという。

とはいえ、人殺しはやはりよくないことだ。海舟はそう思い、後日、以蔵に向かって注意していった。

「君は人を殺すことをたしなんではいけない。先日のような挙動は、あらためたほうがよかろう」

すると以蔵は、こう反論するのだった。

「先生、それでもあのとき私がいなかったら、先生の首はすでに飛んでしまっていましょう」

いわれてみれば、確かにそのとおりである。以蔵がもしいなければ、海舟はすでにこの世にいなかったであろう。

「これには俺もひとこともなかったよ」

そう海舟は維新後に回想している（『氷川清話』）。

なんともおもしろいエピソードを残してくれたものだが、実は、この一件を最後に、以蔵は海舟塾から姿を消してしまっている。

龍馬に誘われて一度ははじめた海軍修行だったが、剣術一筋に生きてきた以蔵には、やはり性に合わなかったのだろうか。もしこのまま龍馬と一緒に海舟のところにいれば、やがて以蔵に訪れる運命もずいぶんと違ったものになっていたはずである。

それを考えると、まったく残念というほかにない。

乙女への手紙

龍馬が故郷を捨てて脱藩してから、この三月でちょうど一年がたった。

それを龍馬自身も意識していたのだろうか。三月二十日、故郷の姉・乙女にあてて、はじめて手紙を書いている。

「さてもさても人間の一生は合点のいかぬはもとよりのこと、運の悪い者は風呂よりいでんとして、きんたまをつめ割りて死ぬる者もあり」

そんな下品な言葉からはじまるこの手紙は、相手が乙女ならではの親しみ深さにあふれている。龍馬にとって乙女が、いかに心安い存在であったかがうかがえるだろう。

「それとくらべて私などは運が強く、何ほど死ぬる場へ出ても死なれず、自分で死のうと思うてもまた生きねばならんことになり」

そう続けられているところをみると、この一年間に、龍馬は伝わっていることのほかにもいろいろ苦労したのかもしれない。それでも持ち前の強運が龍馬の命を助け、こうして近況を報告できるまでになったのだった。

文面は、次いで師匠となった勝海舟のことにおよんでいる。

「今にては、日本第一の人物、勝麟（麟）太郎殿という人に弟子になり、日々かねて思いつくところを精といたしおり候。それゆえに私、年四十歳になるころまでは、うちには帰らんようにいたし申すつもりにて――」

海舟のことを、「日本第一の人物」と最大級に持ち上げ、その人物の弟子として海軍修行に励む自分のことを誇らしげに語っている。そのわりには、麟太郎という師匠の通称を一文字間違えているところが笑えるが、あいかわらず小さなことにはこだわらない龍馬であった。

ちなみに、二度とは故郷に帰らない覚悟で脱藩した龍馬だったが、海舟の尽力によって脱藩の罪は正式に許されていた。だから、いまでは帰ろうと思えばいつでも帰れる状況に龍馬はあった。

しかし龍馬は、何かをなしとげるまでは家には帰らないという決意でいたのだ。その何かとは、もちろん海舟のもとでの海軍創設にほかならなかった。

ところで龍馬は、藩から臨時御用を命じられてこの一月に京都に上ってきていた兄・権平と、ひそかに会っていたらしい。文面にはこう続けられている。

「あにさんにも相談いたし候ところ、このごろはおおきにご機嫌よろしくなり、そのお許しがいで申し候」

脱藩という勝手なことをしでかされ、しばらく機嫌が悪かった権平も、幕府軍艦奉行並の勝海舟に重んじられている龍馬のいまの姿をみては、機嫌もよくなって当然だった。

四十歳ごろまでということは、あとほぼ十年だ。その間、海軍修行に尽くしたいから家には帰れないという龍馬を、権平は理解し、激励してやったのだろう。

そして、手紙はこのように結ばれている。

「国のため天下のため、力を尽くしおり申し候。どうぞおんよろこび願いあげ、かしこ」

日本のために全力を尽くしているという、龍馬の自負のようなものがうかがえる。

この記念すべき手紙を皮切りにして、以後、龍馬は故郷の乙女にあてて多くの手紙を書いた。それらは、幸いなことに乙女自身が維新後も大切に保管していたため、現在も十七通が残っている。

龍馬は、男性にあてた手紙はそうでもないのだが、女性にあてた手紙ではとたんに文章が軽妙になり、滑稽ないいまわしを多用したりするようになる。乙女あてのものは、特にその傾向が顕著だ。

読む者を楽しませてくれる、そんな個性的な手紙を残したことも、龍馬の大きな魅力のひとつになっているのである。

東奔西走の日々

その後、龍馬は江戸に下り、四月二日、沢村惣之丞ら四人とともに二番町の旗本屋敷を訪れた。元外国奉行兼大目付の大久保一翁（忠寛）に会うためである。

一翁は、勝海舟と並ぶ幕閣有数の開明派であったから、龍馬も一度、話を聞いてみたいと思っていたのだろう。

この時期、京都では長州藩らの尊王攘夷派が勢力を強め、朝廷内の尊攘派公卿と結んで幕府に圧力をかけていた。天皇の許可を得ないで諸外国との条約を結び、開国を決めたことはけしからんから、即刻条約を破棄して攘夷を実行せよというのだった。

そんな幕府の窮地に、幕臣の一翁としては頭を悩ませていたが、実は一翁には事態打開のための秘策があった。それは、朝廷がどうしても攘夷をやるというのなら、幕府は政権を朝廷に返還して一大名に戻るから、できるものならやってみればよい、といったものだった。

のちに実現した大政奉還とは意味合いが違ってはいるが、これも一種の大政奉還論である。当時の幕閣にあっては、画期的な考え方といえた。

一翁は、この秘策を龍馬らに話すべきかどうか迷ったが、五人のうち龍馬と沢村の二人は話がわかりそうな印象だったので、思い切って打ち明けてみた。すると思ったとおり、龍馬と沢村だけは手を打って賛同してみせたという。

龍馬らは、さっそく秘策の実現のため、そのころ京都にあった松平春嶽のもとにおもむくことになり、春嶽あての一翁の手紙を携《たずさ》えて、翌日出立した。

「このほど坂本龍馬に内々会い候ところ、同人は真の大丈夫と存じ、素懐もあい話し、この一封も託し候ことに候」

手紙にはそう書かれていて、一翁が初対面の龍馬をいかに高く評価したかがわかる。

四月九日に順動丸で大坂に着いた龍馬は、そこで、春嶽が政局に疲れて政事総裁職を辞任し、越前福井に帰国してしまったということを聞いた。

やむなく一翁の手紙を持ったまま、十六日に今度は福井に向かって出立した。東へ行ったり、西へ行ったり、まさしく東奔西走の龍馬の毎日だった。

一方、大坂の勝海舟には、日々、考えていることがあった。それは、海軍創設という目標のために必要な、本格的な海軍学校を設立することだった。

しかし、そのためには莫大な費用がかかり、簡単に実現できるものではなかった。海舟もそのことだけはどうにもならず、頭を痛めていたのである。

ところが、ある日突然、絶好の機会が訪れた。京都に滞在中の将軍徳川家茂《いえもち》が、摂海（大坂湾）沿岸の防備状況を視察することになり、それを海舟が順動丸で案内するように命じられたのだ。

将軍と直に話をする機会ができれば、海軍学校の件も直接訴えることができる。これは天祐と、海舟は大いに期待した。

四月二十三日、天保山沖から出航した順動丸が神戸にさしかかったとき、海舟は家茂に海軍学校の必要性を懸命に説いた。家茂は、それを聞いてなるほどとうなずき、なんと即座に学校の設立を許可したのだった。

「ただちに英断あり」

と海舟は、その日の日記に筆を躍らせた。

ふつう、こうした大事業の決定には何人もの人間が間に入るため、なかなか声が上まで届かないものだ。それが、この日ばかりは軍艦の上という特殊な状況から、家茂に付き従っていた者は、わずか数人に過ぎなかった。そのチャンスを海舟は逃さなかったのだ。

家茂の意向を受け、早くも翌日、幕閣から海舟に対して、神戸村に海軍学校を建設することを命じる辞令が出されている。運営のための予算も年間三千両が計上されることが決まった。

龍馬と海舟の海軍にかける夢は、この海軍学校の設立決定によって大きく前進したのである。

神戸の海軍操練所

海舟の海軍学校は、のちに神戸海軍操練所と名づけられることとなる。

ただ、実際に校舎が建てられ、授業が開始されるまでには、ある程度の月日が必要だった。それで幕府は、開校までの間、海舟の私塾という形で海軍教授を行ってもよいという許可を与えた。

ただし、こちらのほうはあくまでも私塾であったから、運営のための予算が幕府から出るわけではなかった。年間三千両というのは、正式な海軍操練所ができてから支出される予算なのだ。

資金不足に悩む海舟は、そこで一計を案じた。龍馬を越前福井に派遣して、松平春嶽から海軍塾運営のための資金を出させようというのだ。

春嶽はこの時期、政事総裁職を辞任して国許へ引きこもっていたが、信頼の厚い海舟や龍馬のいうことならば、耳をかたむけてくれるはずだった。

龍馬が前回の福井行きからいつ戻ってきたのかは記録にないのだが、五月十六日、海舟の期待を担って再び福井に出立することになった。いきなり背負わされた大役に、龍馬も苦笑していたかもしれない。

この福井行きの道中のことと思われるが、龍馬は再び故郷の乙女にあてて手紙を書いた。

五月十七日付のその手紙には、神戸海軍操練所ができることになったよろこびが綴られている。

「このごろは天下無二の軍学者勝麟太郎という大先生の門人となり、ことのほかかわいがられ候て、まず客分のようなものになり申し候」

手紙はこう書きはじめられていて、海舟の肩書きが前回は「日本第一の人物」だったものが、今回は「天下無二の軍学者」となっている。いずれにしても、たいした持ち上げようであり、龍馬がいかに海舟に傾倒していたかがわかる。

手紙は続けて、海軍操練所のことについてふれている。

「近きうちには大坂より十里あまりの地にて、兵庫というところにて、おおきに海軍を教え候ところをこしらえ、また四十間《けん》、五十間もある船をこしらえ、弟子どもにも四、五百人も諸方より集まり候――」

海舟は、海軍操練所の設立を許可されると同時に、造船所を設立することも命じられていた。龍馬が船を造るといっているのはそのことで、四十間（約七十三メートル）ないし五十間（約九十一メートル）もある軍艦を建造する予定があるという。

「私はじめ栄太郎などもその海軍所に稽古学問いたし、ときどき船乗りの稽古もいたし、稽古船の蒸気船をもって、近々のうち土佐のほうへも参り申し候。そのせつお目にかかり申すべく候」

栄太郎というのは、高松太郎の幼名である。乙女にとっても甥にあたる高松も、自分と一緒にその海軍操練所で修行することになっていると龍馬は伝えている。

また、練習用の船で近く土佐に立ち寄るともいっており、近日中に龍馬に会えると知っ

龍馬も学んだ、神戸海軍操練所（古写真）

た乙女は、よろこんだことだろう。

手紙の末尾のほうには、こんなことも書かれている。

「すこしエヘン顔してひそかにおり申し候」

勝海舟という大物に認められ、日本海軍の創設のために尽力しているいまの姿は、龍馬にとって誇らしいものだった。思わず、「エヘン」と威張ってみたりしたくなったのだろう。

やがて福井に着いた龍馬は、さっそく春嶽に面会し、海軍塾への援助を必死に頼み込んだ。もともと春嶽は、海軍の必要性については十分に認識していたから、龍馬の要求はすぐに受け入れられた。

問題は出すことのできる金額だったが、なんと春嶽は、龍馬の希望額の一千両を言い値のままに出した。

いかに福井藩が三十二万石の大藩とはいえ、一千両は大金だ。それを即座に出すのだから、春嶽がどれほど龍馬らを信頼していたかということだ。

なにごとも、ことをなすには金がかかる。その点、龍馬は、この日本有数の大大名を、早くも自分たちの後援者にしてしまったのだから、たいしたものだった。

ところで、この福井滞在中に、龍馬ははじめて横井小楠《よこいしょうなん》と対面した。

小楠は肥後熊本藩士で、学識を買われて福井藩に客分として招かれていた人物だ。龍馬も以前から会いたいと思っていたのだが、なかなかその機会にめぐまれなかったのである。

ようやく実現した初対面で、二人は国事について意見をかわしあい、すっかり意気投合したと伝わっている。これ以降、龍馬は折にふれて小楠のもとを訪れ、その意見に耳をかたむけるようになった。

松平春嶽にはじまり、勝海舟、大久保一翁、そして横井小楠。当代随一の人物たちが、いつのまにか龍馬のまわりに集まってきていた。龍馬には、そうした人をひきつけるような何かがあったとしか思えないのである。

日本の洗濯

文久三年（一八六三）六月八日、土佐勤王党の有力者だった間崎哲馬、平井収二郎、弘瀬健太の三人が切腹させられるという粟田宮《あわたのみや》令旨《りょうじ》事件が起こった。

山内容堂が一向に尊王攘夷を実行しないことに業を煮やした間崎ら三人が、尊攘派公卿の粟田宮(中川宮)から、土佐藩の前藩主で隠居の山内豊資《とよすけ》あてに勤王奨励の令旨を出させたことで、容堂の怒りをかって切腹させられたものだった。

三人のうち平井収二郎は、いうまでもなくあの平井加尾の兄だった。切腹にあたって、自分の無念をあらわすために、わざわざ腹を十文字に切って絶命した。

訃報は大坂にいた龍馬にも届けられた。三人の死は、それだけでも痛ましいものだったが、龍馬には、平井の妹・加尾のことが気にかかっていた。

六月二十九日付で乙女にあてた手紙には、こう書かれている。

「平井の収二郎は十文字か。誠にむごいむごい。妹お加尾が嘆きいかばかりか、ひとふで私のようすなど話して聞かしたい。まだに少しは気遣いもする」

加尾が嘆いているだろうから、自分のようすなどを伝えてやりたいというのである。龍馬のやさしい気持ちがあふれる文面だ。

ただ、「まだに少しは気遣いもする」という部分からは、すでに二人の関係は過去のものになっていることがうかがえるのである。

前年に土佐を脱藩したあとも、龍馬は京都の加尾に会いにいくことはなかったようだ。やはり加尾が京都藩邸勤めになったことが原因で、二人の関係は途切れていたということか。

前年の十月には加尾の役目も終わり、土佐に帰国しているのだが、龍馬とはまさしくすれ違いということになった。縁がなかった、ということなのだろう。

このあと加尾は、土佐藩士・西山直次郎（志澄《ゆきずみ》）と結婚し、新しい時代を生きることになる。明治四十二年、七十二歳で没。

ところで、右の六月二十九日付の手紙には、これまでとは違った龍馬の政治的な主張が述べられていて興味深い。

「まことに嘆くべきことは、長門の国に戦はじまり、後月より六度の戦に日本はなはだ利少なく、あきれはてたることは、その長州で戦いたる船を江戸で修復いたし、また長州で戦い申し候。これみな姦吏の夷人と内通いたし候ものにて候」

これは、この五月から六月にかけて行われた長州藩の攘夷戦争に関する話だ。五月十日から数度、長州藩は関門海峡を通過する外国船を砲撃したが、敵も反撃に転じ、長州の砲台や軍艦を激しく攻撃した。そのため長州は惨敗をとげ、攘夷が無謀な行為であることをはっきりさせる結果になってしまった。

しかし、このとき一部に流れた噂に、長州で砲撃されて破損した外国船を、江戸で幕府が修理してやって、再び長州へ向かわせたというものがあった。そのことを龍馬は嘆き、あきれはてているというのだった。

いかに政治的に対立しているとはいえ、同じ日本人を外国に討たせるとはどういうことか。幕府はそこまで腐りきっているのかと、龍馬は怒り、続けてこう書いた。

「龍馬、二、三家の大名と約束をかたくし、同志を募り、朝廷よりまず神州をたもつの大本をたて、それより江戸の同志と心を合わせ、右申すところの姦吏を一事にいくさいたし打ち殺し、日本を今一度、洗濯いたし申し候ことにいたすべくとの神願にて候」

ここに、有名な龍馬の言葉が登場する。

「日本を今一度、洗濯いたし申し候」

腐れきった現在の幕閣を打倒し、日本を再生させるというほどの意味だが、とてもわかりやすく、龍馬らしい表現だ。

この時点ではまだ、幕府そのものを倒すという考えには至っていないようだが、やがて龍馬も倒幕を志すようになる。とすれば、このときの「洗濯」という言葉こそ、龍馬の意識が倒幕に向けられた最初の宣言ということができるのである。

千葉佐那との別れ

ところでもうひとりの恋人、千葉佐那との関係は、その後どうなっていたか。

ちょうどこの時期、すなわち文久三年（一八六三）六月十四日付と推定される龍馬の手紙に、佐那のことがくわしく書かれている。あて先は姉の乙女で、「この話はまずまず人にゆはれんぞよ。少しわけがある」という謎めいた前文が添えられている。

「この人はおさなというなり。もとは乙女といいしなり。今年二十六歳になり候。馬によく乗り、剣もよほど手強く、長刀もでき、力は並々の男子より強く、まずたとえば、うちに昔おり候ぎんという女の力量ばかりもござ候べし」

佐那の幼名は乙女といったらしく、偶然にも龍馬の姉と同名ということになる。また、馬術や剣術、長刀にたけているところも乙女によく似ており、龍馬はそのあたりを強調したいらしい。

興味深いのはそのあとの文で、さりげなくこんなことが書かれている。

「かおかたち平井より少しよし」

平井というのは、もちろん加尾のことだろう。龍馬は以前の恋人であった加尾よりも、佐那のほうが少し美人だといっているのだ。さらに文面はこう続けられている。

「十三弦の琴よく弾き、十四歳のとき皆伝いたし申し候よし。そして絵もかき申し候。心ばえ大丈夫にて男子などおよばず、それにいたりて静かなる人なり。ものかずいはず、まあまあ今の平井〳〵」

あらゆることに通じた、できた女性と紹介したうえで、「まあまあ今の平井〳〵」と書き添えている。これは、「まあ、かつての平井加尾のような女性ですよ」といっているようにしか読めない。

龍馬は、そういう表現で、佐那を自分の現在の恋人として乙女に紹介したのだろう。龍馬の二度の江戸遊学のときにはじまった恋は、文久三年のこのときに至っても変わらずに続いていたのだった。

そして、維新後に佐那が語ったところによれば、ある日、龍馬は父の千葉定吉に向かい、佐那との結婚を申し入れたという。

定吉は、娘は剣術をもって国に尽くすことばかり考えている変わり者だが、それでもよければ私はかまわないといって、二人の結婚を許可した。ただし佐那の希望で、天下が落ち着いてから式をあげようということになり、それまでは許嫁の立場でいようとなった。

とりあえず結納が二人の間でかわされ、千葉家からは短刀一口《ふり》が龍馬に贈られた。すると龍馬は、一着の着古した袷衣《あわせ》を出してきていうのだった。

「私は結納にふさわしいものを持っていないので、松平春嶽公より拝領した袷衣を結納の品にかえたいと思います」

このやりとりは、明治二十六年九月の『女学雑誌』誌上に佐那自身が談話を寄せた、「坂本龍馬の未亡人を訪ふ」と題する記事によるものである。この記事と、龍馬の手紙を考えあわせると、この時期、二人が結婚の一歩手前までいっていたことは事実のように思われる。確かに二人は、このころまで愛をはぐくんでいたのだった。

しかし、このあと龍馬と佐那が結ばれることはなかった。理由はよくわからない。龍馬にさらに別の女性があらわれたことが原因といえるのかもしれないし、佐那のことをかえりみることのできないほど国事に多忙だったというのも事実である。

結局、佐那は維新後も誰にも嫁ぐことなく、生涯を独身でとおすことになった。それほど龍馬のことを一途に想い続けていたのだろうか。明治二十九年に五十九歳で没したあと、関係者によって、「坂本龍馬室（妻）」と墓石に刻んでもらえたのが、佐那にとっては何よりの手向けであっただろう。

山内容堂の弾圧

そのころ尊王攘夷派の長州藩は、京都で絶大な権力を持っていたが、それが一日にして失脚する事件が起こった。

文久三年（一八六三）八月十八日、幕府と朝廷を協調させようとする公武合体派の薩摩藩が、ひそかに会津藩と手を結んで、長州藩を追い落とした八・一八の政変である。

この政変によって、御所の警備をつとめていた長州藩だけでなく、朝廷内の七人の尊攘派公卿までもが京都から退去させられ、京都の尊攘派勢力は一掃されてしまったのだった。

そんな政治状況の変化のあおりをくったのが、吉村虎太郎らの天誅組《てんちゅう》だった。

千葉佐那の墓。龍馬は姉に恋人と紹介していた
（山梨県甲府市朝日　清運寺）

かつて龍馬の脱藩のきっかけとなった吉村は、那須信吾、安岡嘉助、池内蔵太らの同志とともにこのころ天誅組を組織していた。長州藩と連携して、八月十七日に大和で挙兵したまではよかったが、頼みの長州が失脚したことで一転して窮地におちいった。

逆に幕府方の諸藩から追討されることになり、九月二十四日に那須が、二十六日に吉村が戦死をとげた。不運であったのは確かだが、倒幕の兵をあげるには、まだ機が熟しておらず、無謀としかいいようのない挙兵だった。

そしてもう一人、政変の影響は土佐の武市半平太のもとにも押し寄せた。

山内容堂は、本来は幕府寄りの思想を持っていたのだが、これまで尊王攘夷派の勢力が強かったために本心を隠していた部分があった。それが、今回の政変で尊攘派が失脚したことで、状況が一変したのである。

この機会に自藩の勤王党の活動を抑えこもうと思い立った容堂は、九月二十一日、首領の武市をはじめ、島村寿之助《じゅのすけ》、島村衛吉、河野万寿弥らの幹部をいっせいに捕縛し、投獄した。

結局、二年後の慶応元年（一八六五）閏五月十一日に、武市は容堂の命令で切腹させられることになる。別途に捕縛されていた岡田以蔵も同じ日に処刑され、以蔵の場合は武士として扱われずに断首のうえ、雁切《がんきり》河原でさらし首になった。

龍馬の昔なじみの武市も以蔵も、こうして容堂の手のひらを返したような行為によって命を散らせた。そんな容堂のことを、尊王攘夷に理解のある人間と思いこんでいた武市は、最期の時になってようやくそれが勘違いであることを知ったのだった。

あるいは自分も、龍馬のように土佐藩など捨てて生きるべきだったと、いまさらながらに武市は思ったかもしれなかった。

さらにこのあと、土佐藩の追及の手は、龍馬ら海軍修行をしている者にまでおよんだ。

龍馬ら数人の者は、土佐勤王党の出身であるとはいえ、藩から正式に許されて海軍修行をしていたものだ。それにもかかわらず、この機会に勤王党の壊滅をもくろむ容堂は、勝海舟のもとにある修行生全員を国許に召還する命令をくだしたのだった。

これには師匠の海舟も困り、十二月六日、龍馬らの召還の延期を土佐藩側に文書で願い出ている。

「坂本龍馬は、いま順動丸に乗り組ませていますし、また土佐藩から修行を命じられた四、五人は、かねて容堂様に直にお願い申し上げ、熟達もしています。彼らも奮発勉励しており、そのうえ坂本には塾頭を申しつけてあります。どうか、いましばらく修行年数を延ばしていただけるようお願い申し上げます」

龍馬は、いつの間にか海軍塾の塾頭になっていたようだ。海舟にとって龍馬は、よほど信頼の置ける門人だったのだろう。

そんな龍馬を、いま土佐へ帰せば、生命に危険がおよぶことはわかっていた。師匠としては、龍馬も、ほかの土佐人たちも、国許に返すわけにはいかなかったのだ。

海舟の願いもむなしく、土佐藩側からは召還の延期は認めないという内容の返書が届いた。容堂の龍馬ら修行生に対する態度はあくまでも強硬だった。

しかし龍馬にとって、自分のとるべき道はすでに決まっていた。

藩の命令を無視して、このまま海軍塾に残るということだ。そうなれば、再び脱藩の身分となることはわかっていたが、それもやむをえないことだった。

海舟のもとで、海軍という夢を見つけたばかりの龍馬としては、いま帰国してすべてを失うわけにはいかなかったのである。

龍馬とお龍

元治元年（一八六四）五月、勝海舟は軍艦奉行に昇進し、待望の神戸海軍操練所が開校となった。

すぐに修行生の募集が行われ、旗本や御家人の子弟、さらには諸藩の士に至るまで、広く有志が集められた。再び浪士の身となった龍馬にとっても、かねてからの念願がかなった感無量のときだった。

そのころ、三十歳になった龍馬は、海軍修行とは別に、ある構想を抱いていた。それは、蝦夷地《えぞち》（北海道）の開拓という大いなる計画だった。

ちょうど操練所が開校したころ、龍馬は数人の同志とともに、京都の方広寺に潜伏して議論をかさねていた。蝦夷地開拓は、土佐の同志北添佶磨《きたぞえきつま》の発案によるもので、諸藩を脱藩した浪士たちを未開の蝦夷地に移住させ、彼らのエネルギーを北方の開拓と防衛に役立てようとしたものだった。

この一石二鳥の名案に、龍馬は飛びつき、北添と協力して実現に向けて尽くすことを決めた。すでに北添は、同志能勢達太郎《のせたつたろう》らとともに前年に現地踏査を済ませており、下準備は着々と進められていた。

そんな彼らのもとに、食事などの世話をする女性が雇われることになり、やってきたのが、貞《さだ》とその娘の龍《りょう》だった。

これが、龍馬にとっての運命的な女性となる、お龍との出会いだった。

お龍という名は、龍馬とよく似ているが、本名である。はじめて二人が会ったとき、龍馬が、

「おまえの名の『りょう』はどういう字か」

と尋ねたので、お龍は紙にさらさらと名を書いてみせた。龍馬はそれを見て、

「俺の名と一緒だ」

とよろこんだという。

これですっかりお龍に興味を持った龍馬は、彼女が語る身の上話を熱心に聞いた。

お龍の父親は楢崎将作《ならさきしょうさく》という尊攘派の医師だったが、一年前に病死していた。その後、一家は離散してしまい、なかでも妹の君江《きみえ》は騙されて大坂の遊女屋に売られていた。

そのことを知ったお龍は、君江を連れ戻すために大坂へ下り、悪徳仲介人に直談判をし

神戸海軍操練所跡（兵庫県神戸市中央区）

た。もちろん相手はいうことを聞かず、腕の彫り物を見せて凄んだ。すると、お龍はなんと、その男に飛びかかって胸ぐらをつかみ、「妹を返せ」といって顔を思いきり殴りつけたのだった。

男は、「女、殺すぞ」と脅したが、お龍は平気な顔でいった。

「それはおもしろい。殺せ殺せ」

あまりの豪胆さに、相手もあきらめ、ついにお龍は妹を取り返すことに成功したのである。お龍というのは、そうした男まさりの気性の激しい女性だった。

ところが龍馬は、そんなお龍をすっかり気に入ってしまった。

もともと龍馬は、男まさりの活発な女性が好みだった。ふつうの男が望むような、おしとやかな女性には、なぜかまったく興味をしめさないのである。

思えば、千葉家の佐那もいわゆるお転婆娘だったし、故郷の加尾も姉御肌なところがあった。龍馬の好きになる女性のタイプには、そんな共通点があったのだ。

あるいは子どものころ、仁王様といわれた姉の乙女に育てられたのが影響していたのかもしれない。

もっとも、ただ活発なだけでは龍馬の心をとらえることもなかったはずで、佐那は細面で鼻筋の通った美人であったし、お龍は二重の大きな目が印象的な、これも美人だった。龍馬が彼女らに出会ってすぐに恋心を抱いてしまったのも、無理のないことだったのである。

池田屋事件の悲報

龍馬の蝦夷地開拓計画は、理想としてはよかったが、あまりにも構想が遠大過ぎるきらいがあった。だから、そのころ京都にいた尊攘派の浪士たちの、誰もが賛同していたわけではなかった。

それよりも目の前の幕府を倒し、新政権の樹立によって攘夷を実現させるほうが、浪士たちにとっては魅力的だった。そんな誘惑に負けたのか、開拓推進派であるはずの北添佶磨のほか、ともに海軍修行に励んできた望月亀弥太までもが、武力倒幕派に引き寄せられていったのである。

彼らの行く末に不安を抱きつつも、龍馬は勝海舟の待つ江戸へ向かうことになった。そのころ恋人のお龍は、七条の扇岩という旅籠《はたご》に預けてあったので、六月一日の夕方に龍馬は扇岩を訪れた。

「明朝出立するゆえ、留守中は万事に気をつけよ」（「反魂香《はんごんこう》」）

そういって、お龍としばしの別れをかわす龍馬だった。

翌朝、軍艦黒龍丸に乗って江戸へ向かった龍馬だったが、その直後、大変なことが起こった。六月五日、京都三条小橋の旅籠池田屋に二十数人の尊攘派志士が集まっていたところを、幕府の新選組に襲撃されたのだった。

この池田屋事件によって、志士側は肥後熊本藩の宮部鼎蔵《みやべていぞう》、長州藩の吉田稔麿《よしだとしまろ》ら十三人が討ち果たされたが、痛恨なことに、そのなかには北添佶磨と望月亀弥太が含まれていた。

北添は池田屋の集会に出席していたのではなかったが、方広寺近くの寓居を新選組に踏み込まれ、いったんは逃げたものの、結局、斬り伏せられた。また望月は、池田屋で深手を負って脱出したあと、二条の角倉邸の門前で力尽きて自刃した。

異変を知って、扇岩にいたお龍も現場に駆けつけたが、すでに北添も望月も討たれたあとだった。二人とも、お龍にとっては方広寺で過ごした仲間であったから、彼らを失った悲しみは大きかった。

池田屋事件の知らせを龍馬がいつ耳にしたかはわかっていないが、海舟は二十四日になって知ったようで、日記にこう書いている。

「当月五日、浮浪殺戮の挙あり。壬生浪士輩、興の余り無辜《むこ》（何の罪もないこと）を殺し、土州の藩士、又、我が学僕望月生などこの災に逢う」

幕臣の海舟にとっては、壬生浪士こと新選組は味方であったはずだが、そうした従来の枠組みにはこだわらないのが海舟だった。修行生の望月を殺した幕府のやり方に、激しい憤りを見せている。

二十八日には、安岡金馬が海舟のところに暇乞いにやってきた。安岡は、龍馬と同時に土佐藩から海軍修行のために派遣されてきた者だったが、同志の望月や北添の死を目の当たりにして、じっとしてはいられなくなったのかもしれなかった。

そのころ、前年に京都を追われた長州藩は、藩主親子と尊攘派公卿の復権を訴えるために二千の兵を連れて京都に迫っていた。池田屋の悲報も届いていたから、彼らは憤激し、いまにも御所に攻め込みそうな勢いをみせていた。

しかし七月十九日、会津、薩摩を中心とした幕府方諸藩との間で戦端が開かれると、兵力に劣る長州軍はあっけなく敗退してしまった。御所の蛤御門《はまぐりごもん》周辺が戦場になったことから、この戦いは蛤御門の変（禁門の変）と呼ばれている。

この日、長州藩では久坂玄瑞が戦死をとげた。龍馬に大きな影響を与えた久坂も、結局、自分の理想とする新しい時代を見ることができずに死んだのだった。

江戸から戻って神戸にいた龍馬は、十九日の夜、京都の方角が赤々と染まるのを見て、いよいよ戦争がはじまったかと思い、海舟とともに軍艦・観光丸で大坂にまわった。

翌朝、龍馬らが桜宮から淀川をさかのぼっていると、上流のほうから一艘の舟が三人の武士を乗せて下ってきた。やがて三人は舟を降りて陸に上がったが、そこでいきなり二人の者が刺し違えて死んだ。

龍馬らが驚いて見ていると、残りの一人も喉を自分で突いて息絶えた。この壮絶な光景に、龍馬らは、長州がすでに敗れたことをさとったのだった。

また、二十一日には他藩人による支援部隊の忠勇隊らが山崎天王山に立てこもり、山上で十七人が自刃して果てた。そのなかには能勢達太郎の名もあり、かつて北添佶磨とともに蝦夷地を実地踏査した能勢が死んだことによって、蝦夷地開拓計画は完全に挫折することになった。

その後も龍馬は、蝦夷地開拓に対する熱意だけは失わなかったが、それが実現することはついになかったのである。

薩摩の西郷吉之助

禁門の変で、幕府方の主力として長州藩を撃退した薩摩藩には、西郷吉之助《きちのすけ》(のちの隆盛《たかもり》)という新たな指導者が登場していた。

その実力については、勝海舟をして、こういわしめたという。

「俺は、いままでに天下で恐ろしいものを二人みた。それは横井小楠《よこいしょうなん》と西郷南洲《なんしゅう》(隆盛)だ」

海舟にとって、西郷という存在が、いかに衝撃的なものであったかがよくわかる。

そんな西郷に、龍馬も会いたがり、海舟に向かってこういった。

「先生は、しばしば西郷の人物を賞せられるから、俺も行って会ってくるので、添え書きをください」

海舟は、そのころはまだ西郷と会ったことはなかったが、とりあえず龍馬を派遣してみるのもいいと思い、さっそく紹介状を書いてやった。八月三日、龍馬は西郷に会うべく、京都の薩摩藩邸に向かった。

薩摩藩邸での対面後、二十三日になって龍馬は神戸に帰ってきたが、どうしたことか海舟に西郷の話をしようとしない。海舟は、龍馬のほうからいいだすのを待っていたものの、二、三日たっても何も語ろうとはしなかった。

ついにたまりかねて、

「西郷はどうだ」

と海舟が軽く尋ねてみると、龍馬は重い口をようやくひらいた。

「なるほど西郷というやつは、わからぬやつです。少しくたたけば少しく響き、大きくたたけば大きく響く。もしばかなら大きなばかで、利口なら大きな利口でしょう」

どうやら龍馬は、西郷という人物の度量があまりに大きく、評価を決めかねていたのだった。それでも、このときの龍馬の西郷評は海舟を満足させたようで、

「坂本もなかなか鑑識のあるやつだよ」

とのちに語っている（『氷川清話』）。

　その後、九月十一日になって、海舟と西郷の初対面の機会が訪れた。大坂に滞在中の海舟のもとに、西郷のほうから面談を申し入れてきたのだった。

　この日、海舟は西郷に対して、幕府による統治がもはや限界にきている実情を告げ、新たに開明派の大名四、五人による共和政治を行う以外に日本のとるべき道はないと話した。

　これは、幕臣の海舟としてはかなり問題のある発言だった。しかし、日本の将来を見すえていうならば、それしか方法はないというのが、海舟の本音だったのである。

　そんな本音を聞かされて、西郷も衝撃を受けた。

　西郷としては、今回は長州を迎撃したとはいえ、いつも幕府のいいなりになっているつもりはなかった。幕府と長州の間で微妙な距離を保ちながら、薩摩の地位を向上させるのが西郷のねらいだったからだ。

　幕府にもはや政権担当能力はない。そう知った西郷は、以後、幕府寄りであった薩摩の立場を、長州側に大きく移動させることになる。

　やがて藩論は、倒幕にまで進展するのであるから、西郷にとって、この日の海舟との会談は、とてつもない意味を持ったものになったのである。

海舟の失脚

幕府の軍艦奉行という身分にありながら、龍馬らのような諸藩の浪士を門下に多数抱える勝海舟。

その特異な立場は、これまではあまり問題にされなかったが、池田屋事件、禁門の変と幕府に対する反乱が続いたことで、状況が変わってきた。

海舟門下の望月亀弥太や安岡金馬が、これら一連の反乱に加わっていたからだ。幕府が、彼らの姓名まで把握していたかどうかはわからないが、海舟の塾が謀反人を養う巣窟になっていることは、ほぼ間違いないとみなされた。

さらに、滑稽なことだが、神戸海軍操練所の稽古船・観光丸に乗り組む水夫の防寒用として、最近、大量の毛布を外国商館から購入したことについても、不逞の浪士をかくまうためのものではないかという疑いがかけられた。

海舟のような危険人物を、もはや幕府の要職に置いておくことはできない。そう判断した幕閣は、十月二十二日に海舟を江戸に召還する命令をくだし、十一月十日、ついに軍艦

龍馬と西郷が対面した、薩摩藩京都屋敷跡（京都市上京区）

奉行を罷免することを申し渡した。

これにより海舟は、役高の二千石を削られ、もとの百俵という貧乏旗本に逆戻りしてしまったのである。激変する運命に翻弄される海舟だった。

自分のことは、身から出た錆《さび》であるから仕方ないとして、気がかりだったのは龍馬らの塾生のことだった。塾生のほとんどは、それぞれの藩に籍のある者であったから、本藩に帰ることができる。

しかし、龍馬、沢村惣之丞、近藤長次郎、千屋虎之助、新宮馬之助、高松太郎の六人は、土佐藩を脱藩した扱いになっているから、天下に身を寄せるところがないのである。

そこで海舟は、神戸を発つ前に手を打っておいた。九月十一日の会談以来、同志のような存在になっていた西郷吉之助に声をかけ、龍馬らの身柄を薩摩藩で預かってもらえるように頼んだのだった。

西郷は、同藩家老の小松帯刀《こまつたてわき》と相談のうえ、これを承諾し、龍馬らを大坂藩邸にかくまうこととした。西郷らとしては、海舟の頼みとあれば聞き入れないわけにはいかなかったが、実はそれだけではなかった。

龍馬らの持つ航海術という技能を、薩摩藩のために役立てようとしたのだった。

神戸海軍操練所には、薩摩藩からも修行生が派遣されており、教育機関としての水準の高さはすでにわかっている。そのなかでも海舟直伝の技術を持つ龍馬らであれば、薩摩海軍のために大きな力になるのではないか。

西郷らは、そのように考えていたのである。

こうして龍馬らは、大坂薩摩藩邸に潜伏する一方、薩摩藩船・胡蝶《こちょう》丸に乗り組み、航海の手先として働くことになった。龍馬にしても、他人の家に世話になるのだから、多少の労働は当然のことだと考えていたに違いない。

年が明けた慶応元年（一八六五）三月、神戸海軍操練所の閉鎖を幕府は宣告した。海舟を罷免しただけではあきたらず、結局、操練所そのものを幕府は不要なものとしたのだ。

正式に発足したのが、前年の五月であったから、それからまだ一年もたっていない。龍馬と海舟の夢をかけた神戸海軍操練所は、このような形で短い使命を終えたのだった。

そんな荒波に翻弄されるような日々のなかで、龍馬は、ひたすら雌伏のときをおくっていた。必ずまた雄飛のときがやってくると信じて――。

［第三章］

龍馬と革命

通商航海の結社

慶応元年（一八六五）の年が明けた。坂本龍馬、三十一歳の年である。

前年の十月、薩摩藩の大坂藩邸に身柄を預けられて以来、雌伏を余儀なくされていたが、いよいよ動き出すときが来た。歴史が、龍馬の力を本当に必要とするのは、まさにこれからなのである。

薩摩藩邸に同志五人とともにかくまわれている間、胡蝶丸に乗り組んで航海を手伝ったりしていたが、龍馬は、漠然と日々を過ごしてはいなかった。

神戸海軍操練所でつちかった自分たちの航海技術を、よりいかすことはできないだろうか。それが、師匠・勝海舟の恩義にむくいることであり、日本の明日のためになることであると、龍馬は考えたのだった。

すでにヒントは海舟から授けられていた。それは、通商航海といわれるものだ。

商品を船で東西に運ぶことで運搬料を得て、自分たちが実際に操船することで航海の技術に練達する。一石二鳥のこの事業を、いまこそ本格的にはじめようと、龍馬は思い立ったのである。

操船技術に練達していれば、いざというときに軍艦に乗り組み、海軍の戦力となることもでき、一石三鳥ということにもなる。龍馬たち海軍修行生にとっては、これ以上ないほどの名案だった。

同志のなかには、あの絵師・河田小龍門下の近藤長次郎や新宮馬之助もいたから、話が早い。龍馬があらためて指導しなくても、彼らは自分で動くことができるほどの人材に育っていた。

あとは、船が必要だったが、その点は薩摩藩家老の小松帯刀が便宜をはかってくれた。薩摩が近く購入する汽船・開聞丸を、藩の事情が許す限り、使ってもいいといってくれたのだ。小松は三十一歳。龍馬と同い年の開明的な人物だった。

大坂薩摩藩邸で、こうした事業計画を練っていた龍馬のもとに、ある日、一人の土佐藩士がやってきた。

名は土方久元《ひじかたひさもと》（楠左衛門《くすざえもん》）、三十三歳。かつては土佐勤王党にも加盟した同志であった。文久三年（一八六三）八月の政変によって尊攘派公卿が都落ちしたとき、お供として付き添い、その後は太宰府に滞在していたから、これまであまり龍馬と接点がなかったものである。

その土方が、四月五日、京都の薩摩藩士・吉井幸輔《よしいこうすけ》邸に来て語ったのは、「薩長和解」の話だった。

元治元年（一八六四）の禁門の変で幕府軍に惨敗した長州藩は、戦後、三人の家老を切腹させるなどの条件をのんで全面降伏していた。これにより藩内の尊攘派は衰退し、いったんは恭順派が実権を握った。

しかしその後、慶応元年（一八六五）の年明けに尊攘派の高杉晋作らが巻き返し、藩論は再び尊攘に戻っていた。これを知った幕府は、藩主毛利敬親《たかちか》を江戸に出頭させ、事情を聴取しようとしたが、長州側は応じようとしない。

そこで幕府は、今度こそ徹底的に長州を叩こうと、征討軍を送ることにした。前年に攻撃寸前までいった第一次長州征伐に続き、今回のものは第二次長州征伐と呼ばれることになる。

もし、長州が幕府に討たれて滅びるようなことになれば、尊王攘夷の火は消える。尊攘の実現のためにこれまで尽くしてきた土方久元らの努力も、無意味なものになってしまうのだ。

そこで土方らの有志が考えたのが、長州と並ぶ西国雄藩の薩摩を説き、長州と手を組ませようというものだった。

この両藩が協力体制をとれば、幕府との力関係は逆転とまではいかなくても、かなり均衡に近い状態まで持ち込むことができる。倒幕という大目標が現実のものとなってくるのだった。

薩長和解に向けて

四月五日の吉井幸輔邸での会談には、吉井、西郷吉之助、村田新八《むらたしんぱち》という有力者が揃っていたから、この問題に対する薩摩藩側の意見は統一できた。

それは、長州藩との和解もやぶさかではないというものだった。

薩摩は、西郷が勝海舟と会って以来、ひそかに幕府に見切りをつけていたから、藩論を長州寄りに変えることに問題はなかった。一応、藩主島津忠義《ただよし》の父で、事実上の権力者となっている島津久光の承認を得る必要があったが、それも見通しは立っていた。

やっかいなのは、長州のほうだった。

当時の長州は、八月十八日の政変で自分たちを京都から追い落とした薩摩と会津を激しく憎んでおり、藩士のなかには、「薩賊会奸《さつぞくかいかん》」という文字を下駄に書いて、それを踏みつける者もいるほどだった。

そんな長州が、いままでのことを水に流して、薩摩と仲直りしろといっても簡単にできるはずがなかったのである。

それを思うと、主唱者の土方久元は嘆息せざるをえなかったが、龍馬は違っていた。薩長を和解させることに俄然《がぜん》乗り気になり、そのために自分も尽力しようといったのだ。

神戸海軍操練所という、日本の将来のために欠かすことのできない施設を、いともたやすく廃止してしまうような幕府に、このまま国政を担わせておくわけにはいかない。そういう思いを強くしていた龍馬にとって、薩長が連携することによってできる反幕府勢力は大きな魅力だった。

そして、両藩の和解のために、みずから薩摩、長州に下り、関係者の説得にあたることを龍馬は申し出たのだった。同志の力強い宣言に、土方もよろこんだ。

西国への出発は四月二十五日と決まったが、それまでの間に、龍馬はおもしろいエピソードをひとつ残している。

ある日、龍馬が、千屋虎之助、高松太郎らを連れて、京都市中を歩いていたときのことだった。

前方から会津藩の巡察隊がやってきて、二列縦隊でこちらに向かってくる。そのころの龍馬らは薩摩藩士と名乗ることにしていたが、もしも土佐の浪士と発覚したら大変なことになる。

それで、千屋や高松が内心恐れていると、龍馬は平気な顔でこういった。

「誰か、あのなかへ割って入る勇気があるか」

これには千屋らも驚いた。彼らにしてもそれなりに武術の心得はあったが、あの巡察隊のなかに一人で突入しては、まず生きては帰れまいと思うのだった。

ところが、千屋らが黙っていると、龍馬は彼らを置いて一人で歩き出した。そして、たまたま道端にいた子犬を抱きかかえると、それに頬ずりしながら悠然と巡察隊の中央に踏み入ったのである。

会津藩士たちは驚いたが、あっけにとられて、思わず隊列の中央を空《あ》けてしまった。結局、龍馬は巡察隊の中央を堂々と通過し、千屋、高松らもそのあとについて通り過ぎることができたのだった(『維新土佐勤王史』)。

この龍馬の度胸のよさはどうだろうか。肝の据わり具合が尋常ではない。それに、道端の子犬を利用するという機転の利かせ方にも驚かされる。

龍馬の、はかりしれないスケールの大きさを感じさせてくれるエピソードである。

薩摩の日々

四月二十五日、龍馬は、西郷吉之助、小松帯刀とともに、薩摩藩船・胡蝶丸に乗って大坂を出航した。

この船出には、近藤長次郎らの同志も同乗していた。小松が例の開聞丸を買い付けるために、長崎に出張するのに同行したものだ。

龍馬による通商航海の結社の計画が、いよいよ現実のものになってきたのだった。

一行は五月一日に薩摩に到着。近藤らの同志は、そこから小松とともに長崎へ向かった。龍馬のほうは、鹿児島城下の西郷家に入り、以後しばらくの間、この家で起居することになる。

ある日、西郷の弟の従道《じゅうどう》が、辺見十郎太《へんみじゅうろうた》と連れ立って城下を歩いていると、前方から、長刀をおび、頭髪は乱れて、身なりの汚い大男がやってくるのに出会った。

誰なのかと、従道らはすれ違いざまによく見たが、見知らぬ顔なので、薩摩の者ではないようだ。それにしても異様な風体の男だったので、従道らは道々こういいあった。

「やつは何者だろうか。あのような乱暴者があらわれるようになったから、世の中は物騒至極だ」

そのあと、所用をすませた従道は、辺見と別れて自宅に帰ったが、そこであっと驚いた。兄吉之助の部屋に来客があり、その客こそ先ほどの大男、すなわち龍馬だったのである。

しかも龍馬の態度は行儀が悪く、床に寝そべって片肘をつき、片手で漢籍の本を読んでいた。ときどきわからない部分があると、

「先生これは何か」

と西郷に尋ねる。すると西郷は振り向いて、

「かようかよう」

と説明する。それで理解すると龍馬は、

「おお、さようか」

と満足げにうなずくのだった。

この客とも思えぬ無礼な態度の男は、いったい誰なのか。従道が不審そうにしている
と、西郷が注意していった。

「これは、このほど来鹿《らいか》された土佐の坂本龍馬殿なるぞ。よくお見知りおきを願え」

それでようやく男の正体がわかった従道は、龍馬にあいさつをしたという（千頭清臣『坂本龍馬』）。

また、西郷家で世話になっている間には、こんなこともあった。

ある日、西郷の留守中に、龍馬は自分の下着を何日も替えていないのが気になり、西郷の妻いとに頼み込んだ。

「一番古いふんどしをくださらぬか」

いとは、いわれるままに西郷の使い古しのふんどしを与えたが、帰宅した西郷にこのことを話すと、目から火が出るような勢いで叱られた。

「お国のために命を捨てようという人だと知らないか。さっそく一番新しいのと替えてさ

龍馬にふんどしまで貸した西郷吉之助（隆盛）

しあげろ」

西郷がこんなに怒るのはめずらしいことだったから、この一件はのちのちまでもいと夫人が覚えていたという（平尾道雄『坂本龍馬海援隊始末記』）。

前述したように、薩摩藩は他藩の者を入国させることを基本的に禁止していた。そのため城下の人々には、他藩の人間を見ることじたいがめずらしい。

しかも、龍馬の場合、他藩人ですらない「浪人」であるというのだから、いったいどんな人種がやってきたのだろうと、人々が見物に来るほどだった。

特に子どもたちは、龍馬が縁側で囲碁を打っていることさえ、おもしろいようすで、

「あれ見い、浪人めが碁を打ちおる」

とはやしたてた。それをうるさく思った龍馬が、

「浪人でも碁を打つが、それがどうした」

と一喝すると、子どもたちはみなどっと笑って逃げ去ったという（『維新土佐勤王史』）。

龍馬の行くところには、たえずこういった笑い話のようなエピソードが生まれる。龍馬の豊かな人間性が、おのずからそうさせるのだろう。

太宰府から長州へ

龍馬が薩摩に滞在していた間に、西郷吉之助が島津久光を説き、薩長和解に対する承認を得ることができた。これで、薩摩藩としては心おきなく長州藩との和解を進めることができる。

あとは、その長州をどうやって説得するかだったが、それについては龍馬がみずから申し出た。

「俺は幸いにして土佐に生まれ、中立の立場にある。俺が行って長州を説得すれば、必ずことはなるはずだ」（千頭清臣『坂本龍馬』）

龍馬の言葉に西郷も快諾し、すべてを龍馬に託して長州に向かわせることとなった。

慶応元年（一八六五）五月十六日、龍馬は鹿児島城下を出立した。途中の十九日、肥後熊本に立ち寄ると、そのころ沼山津村で隠棲していた横井小楠に会いにいっている。

しかし、小楠との対面では、長州処分をめぐって意見が激しく対立した。意外にも小楠は、京都に攻め込んだ長州には厳しい処分でのぞむべきとの意見を持っていたのである。

師匠とも仰ぐ小楠が、そのように視野のせまい考え方しか持っていないことを知り、龍馬はがっかりした。この日の対面以降、龍馬と小楠の関係は疎遠なものとなる。

ただ、当日はこのような一幕もあったという。

二人が酒を酌み交わしながら話していると、そのうちに人物論になった。西郷吉之助はどうの、大久保一蔵《いちぞう》（利通《としみち》）はどうのという話のなかで、小楠が、

「俺はどうだ」

と龍馬に聞いてきた。それに対して、龍馬は笑いながらこう答えた。

「先生はまあ、二階にござって、きれいな女どもに酌でもさせて酒を飲んで、西郷や大久保どもがする芝居を見物なさるがようござる。大久保どもが行きづまったりしますと、そのときはちょいと指図をしてやってくださるとようございましょう」

この龍馬の独特ないいまわしには、小楠も「ああ」と満足げにうなずいてみせたという（『青山白雲』）。龍馬の話というのは、いつもこのようにユーモアにあふれ、聞く者を退屈させることがなかった。

小楠と別れ、熊本を去った龍馬が、次に立ち寄った先は筑前の太宰府。

太宰府とは古代の九州における政庁で、このころ、八月十八日の政変で京都を追放され

た尊攘派公卿が滞在していた。あのとき都落ちしたのは七人だったが、その後、錦小路《にしきのこうじ》頼徳《よりのり》が病死し、沢宣嘉《さわのぶよし》が脱走したため、残るは三条実美、三条西季知《さんじようにしすえとも》、東久世通禧《ひがしくぜみちとみ》、壬生基修《みぶもとなが》、四条隆謌《しじようたかうた》の五人になっていた。

この五卿は、尊攘派にとっての象徴ともいうべき存在になっていたから、彼らを説いて、薩長和解の同意を得ておく必要があったのである。

二十三日、太宰府に着いた龍馬は、まず五卿慰問のために長府藩（長州の支藩）から派遣されていた時田少輔《ときたしようすけ》と会い、こういった。

「薩長が今日のごとく隔離しておっては、とても王政復古の事業を成就することはできぬ。たがいにこれまでの行きがかりは忘れてしまって、今日より提携をして大いに国事に尽くさねばならぬと思うが、いかがであるか」

この問いかけに対して時田は、長州の反対派を説得するのは難しいことだが、長州一藩で倒幕ができる見込みはないので、自分は薩長の提携に賛成であると答えた（『史談会速記録』）。

翌日にも龍馬は、長州藩士小田村素太郎《おだむらそたろう》（楫取素彦《かとりもとひこ》）と会って同様の話をし、周辺の意見の調整をしたうえで、二十五日には五卿に直接面会した。当日の東久世通禧の日記に

は、

「廿五日、土州藩坂本龍馬面会。偉人なり、奇説家なり」

と記されている。龍馬の説く薩長和解策は、これまでの経過を知っている東久世らにしてみれば、「奇説」にほかならなかったのだろう。とはいいながら、一方で「偉人なり」と評価しているところをみると、和解策の成功に彼らなりに期待しているらしいことがうかがえる。

二十七日にも龍馬は再度、五卿に面会し、和解策への同意を得、太宰府に来た目的はこれで果たすことができた。あとは、いよいよ長州である。

二十八日、五卿護衛の土佐藩士・安芸守衛《もりえ》とともに太宰府を出立した龍馬は、閏五月一日に長州藩領の下関に到着した。

長州では、藩の実質的な指導者となっていた桂小五郎に会い、説得にあたらなければならなかったが、その仲介は、太宰府で知り合った小田村素太郎に依頼した。桂も小田村も、吉田松陰の薫陶を受けた者同士であったことから、そのあたりは順調に進んだ。

さらに閏五月五日、薩長和解策の主唱者である土方久元が下関にやってきた。土方のいうには、もう一人の同志の中岡慎太郎が、西郷を下関に連れてくるために、すでに薩摩に向かっているというのだった。

自分が桂を説得しようとしているのと時を同じくして、同志たちが西郷を交渉の席に連れてこようとしている。あまりのタイミングのよさに、

「まさに天の助けか」

と龍馬はよろこんだ（千頭清臣『坂本龍馬』）。

中岡慎太郎とともに

そして閏五月六日、桂小五郎が下関に到着した。桂は、龍馬より二歳年上の三十三歳。龍馬と同時期に江戸で剣術修行をしていたことから、早くからの知り合いのように思われがちだが、実際にはこのときが龍馬との初対面になる。

桂としては、長州藩が窮地におちいっている現状をよくわかっていたから、薩摩との和解の話は意外なほどすんなりと運んだ。もちろん、薩摩のかつての仕打ちを許したわけではないが、龍馬が説く日本のためという大義の前に、これまでのことは水に流そうと思っ

たのだった。

これで長州の意向は決まった。あとは西郷吉之助の下関到着を待って、両藩の手を握らせれば和解は成立する。難しいといわれていた薩長和解は、こうしてほぼ成就したように思われた。

しかし、そうはうまくいかなかった。閏五月二十一日、下関に着いた船には、中岡慎太郎ひとりしか乗っていなかったのである。

龍馬がいぶかしんで理由を問いただすと、中岡は、西郷が豊後佐賀関までは一緒に来たものの、突然京都からの急報があったといって、下関には停船せずに上京してしまったと語った。やむなく中岡のみが小舟に乗り換えて、ここまでやってきたというのだった。

話を聞いて龍馬は落胆したが、桂のほうは、それだけではすまなかった。

「僕は、もともと君たちの言葉を疑っていたのだ。はたしてそのとおりになったではないか」

と激怒して、その場から立ち去ろうとした。桂にしてみれば、龍馬らが和解に尽くしてくれるのは結構だが、肝心の薩摩がどう思っているのかがわからず、不安な部分があった。その不安が、まさに的中した形になってしまったのである。

薩長同盟のキーパーソン・桂小五郎（木戸孝允）

龍馬と中岡は、そんな桂を懸命にひきとめた。そして、長州側の面目を立てるために力を尽くすと誓うのだった。

それを聞いた桂は、少しは怒りもおさまったようで、あらためて龍馬らに向かっていった。

「それでは、まず薩摩から使者をこちらによこし、和解の件を申し入れることだ。そうしなければ、長州の諸隊は決して承知しないだろう。それともう一つ、薩摩の名義を借りて、外国商人から軍艦を購入することを取り持ってほしい」

桂の出した条件は、このようなものだった。当時、長州藩は幕府の征討対象になっていたから、外国からの武器類の購入はできない状態になっていた。そこで桂は、薩摩の名義で買ったものを、ひそかに長州へ横流しすることを依頼したのである（『維新土佐勤王史』）。

龍馬は、これを快諾した。閏五月二十九日に下関を海路で出立した龍馬と中岡は、六月八日に京都に到着。薩摩藩邸の西郷のもとに押しかけた。

そこで龍馬らは、なぜ下関で下船してくれなかったのかと西郷を責めたが、これについては仕方のなかった部分もある。なぜならば、中岡が西郷を薩摩に連れに行った時点では、まだ桂が下関で待っていると決まっていたわけではなかったからだ。

中岡が組んでいた相棒は、その時点では土方久元であり、龍馬が途中参戦して下関会談のセッティングを完了していたとは、中岡には知りえないことだった。西郷も、桂らがそこまでの態勢で自分を待っているとわかっていれば、下関を通り過ぎずに下船していたはずだったのである。

だから、西郷には長州との和解を拒否する理由などなく、桂の提案してきた条件は、こころよく受け入れられることになった。龍馬もそれでようやく安堵して、ひと息つくことができたのだった。

なお、龍馬の無二の同志といわれる中岡慎太郎は、この時点まで龍馬との接点はあまりなかった。西郷を追って下関から京都までともに旅をしたこのときが、二人が同じ目標に向かって行動した端緒だったのである。

亀山社中の始動

龍馬にとって、桂小五郎に「薩摩名義で軍艦を購入してほしい」といわれたことは、実は悪い話ではなかった。ちょうどこのとき長崎に派遣していた近藤長次郎らの同志に、軍艦購入の仲介業務にあたらせることができるからだ。そうすることで、彼らの初仕事にもなり、かえって好都合だったのである。

彼らは、本拠地を長崎の亀山に置いていた。そのため、現在では結社の名は亀山社中と呼ばれているが、当時はそのようには名乗っておらず、ただ「社中」とだけいっていた。

神戸海軍操練所でつちかった操船技術、それをいかして海運、交易などに従事する、日本初の商社ともいうべき集団。通称亀山社中の活動が、いまはじまったのだった。

龍馬が乙女にあてた九月九日付の手紙には、このように書かれている。

「私共とともにいたし候て、盛んなるは二丁目赤づら馬之助、水通横町の長次郎、高松太郎、望月は死にたり。この者ら二十人ばかりの同志引き連れ、いま長崎のほうに出で、稽

龍馬はブーツを愛用していた
（龍馬のぶーつ像・長崎市伊良林）

古方つかまつり候」

甥の高松太郎はもちろんのこと、新宮馬之助、近藤長次郎、望月亀弥太は、乙女とも顔見知りだったのだろう。望月の場合は、生きていれば必ず一緒にやっていたはずの同志だった。

二十人というのは、水夫なども含めた総数であり、士官としては、操練所のメンバーのほかに越後浪士の白峰駿馬《しらみねしゅんめ》、出身不明の早川二郎がこのころ加わっている。

この社中のなかにあって、そのころ俄然頭角をあらわしていたのが、近藤長次郎だった。長州藩側とのやりとりをほとんど一人でこなし、軍艦だけでなく、薩摩藩名義による大量の鉄砲の買い付けに成功したのだった。

その数、ミニエー銃四千三百挺、ゲベール銃三千挺。合わせて七千三百挺を、イギリス商人グラバーから九万二千四百両で購入するという大取り引きだった。

八月十六日、グラバー商会から納品された鉄砲を、近藤は長州藩に引き渡した。

大量の武器を手に入れることができ、長州側は歓喜した。特に、ミニエー銃は新式であったから、幕府との戦いでは大きな戦力となることが期待された。

購入に実際に尽力したのは、龍馬と亀山社中だとわかってはいても、目の前に大量の鉄砲が並んでいるのを見ると、長州の薩摩に対する悪感情は自然と薄れていくものだった。薩長和解への道は、こうして一歩前進したのである。

グラバー商会や長州藩との交渉を、近藤らの亀山社中にまかせ、この時期の龍馬は京都に滞在していた。

伏見の寺田屋という船宿を、このころから龍馬は定宿にしており、恋人のお龍もそこに呼び寄せてあった。池田屋事件のあと、龍馬はお龍を母とともに知足院という寺に預けていたが、今度は寺田屋にかくまってもらうことにしたのだ。

もちろん、ただかくまわれるというのではなく、船宿の仲居として働きながら住み込んだ。寺田屋の女将のお登勢《とせ》は義俠心にあつい人物で、龍馬を人物と見込んで、こころよく引き受けてくれたのだった。

このころになると、どうも龍馬は、お龍を自分の妻に迎えることを決心したようだ。先に掲げた九月九日付の龍馬の手紙には、乙女にお龍を紹介する文章が長々と続き、そのあとでこうつけ加えてある。

「この女、乙大姉をして、真の姉のように会いたがり候。乙大姉の名、諸国にあらわれおり候。龍馬より強いという評判なり。なにとぞ帯か、着物か、ひとつこの者におつかわしくだされたく、この者、内々願いいで候」

真の姉というのだから、龍馬の結婚の意思が、それとなく宣言されていることになる。また、帯や着物を贈ってもらいたいというのも、お龍を親族として認めてほしいという意味だ。

「名は龍と申し、私に似ており候」

とも龍馬は書いており、お龍の名が自分に似ていることを、あえて強調して、乙女に親しみを感じてもらおうとしているようすが感じられる。お龍を、なんとかして乙女に気にいってもらおうと、龍馬なりに気を遣っていたのだろう。

龍馬はこのあとまた、二十四日には薩長和解の周旋のために京都を離れ、しばらくはお龍と離ればなれになってしまう。二人が本当の夫婦として一緒に暮らせるようになるのは、もう少し先のことだった。

近藤長次郎の死

亀山社中は、先に鉄砲七千三百挺を取り引きしたことに続き、十月十八日、グラバー商会から、軍艦・桜島丸を三万七千五百両で購入することができた。

これを長州藩側に引き渡せば、社中の初仕事は大成功に終わることになる。それにより薩長和解も成立の見通しが立ち、彼らの苦労もむくわれるときが近づいていた。

今回の取り引きも、もっぱら中心になって進めていたのは近藤長次郎だった。近藤の場合、出身が商人であるだけに、ほかの者とは商売の感覚からして違っていたのだろう。

ただ、そのセンスのよさが桜島丸の周旋のさいに問題にもなっていた。

船の購入に先立って、近藤と長州の担当者・井上聞多《いのうえぶんた》との間で、桜島丸条約と呼ばれる協定が結ばれており、それによれば、桜島丸は船籍こそ長州のものとなるが、乗組員には亀山社中の者があたるということになっていた。薩摩藩名義で長州藩の船を買うという斡旋業務に、社中の存在をうまくからませた近藤の名案であった。

しかし、やはりそれでは長州側が納得しなかった。操船を社中にまかせてしまっては、いったい誰の船かわからなくなってしまうからだ。社中の尽力はありがたいが、その点だけは譲れないと、長州藩海軍局からの猛反対をくらってしまったのだった。

近藤にしてみれば、これまで社中専用の船がなかったことから、どうしても自分たちの船を手に入れたかったのだろう。そんな近藤の気持ちが、勇み足につながり、大問題に発展してしまったのである。

進退きわまっていた近藤のもとに、十二月に入って、ようやく龍馬がやってきた。状況を聞いた龍馬は、近藤の働きは認めながらも、やむなく桜島丸条約を破棄することに決めた。龍馬にしても船がほしいことには違いはない。しかし、いまは薩長間の融和のほうが、なによりも優先されるのだった。

そうして、亀山社中に関する部分をすべて削除した、新しい条約が結ばれることになった。龍馬の介入によって無事に問題は解決したものの、やや先走りし過ぎる近藤のやり方が目立った一件だった。

年が明けて慶応二年（一八六六）になった。龍馬、三十二歳の年である。

一月十日、龍馬は新宮馬之助と、新たに社中に加わった旧友の池内蔵太、それに長府藩（長州の支藩）士・三吉慎蔵《みよししんぞう》をともなって、下関を出立した。いよいよ京都の薩摩藩邸において、薩長和解の盟約が結ばれる見通しとなったのだ。

この龍馬の留守中に悲劇は起こった。

近藤長次郎は、多少の行き違いはあったものの、待望の軍艦と武器をもたらした功績によって、長州藩士・毛利敬親から大いに感謝された。そしてその功績にむくいるため、敬親は、近藤がかねてから抱いていたイギリス留学の希望をかなえようとしたのである。

近藤はよろこんだが、社中の同志に知られたら、また勝手なことをといわれかねない。それで、渡航の日まで誰にも話さずに黙っていたのだが、事実はやがて発覚した。

そのころ社中の本部が置かれていた長崎の豪商・小曽根《こぞね》家の別邸に集まり、同志たちは激昂した。

「友を売る奴め、盟約によって、ただちに制裁をくだすべきだ」

近藤の働きは確かに見事だったが、功績を独り占めして外遊しようというのは、友を売る行為といわれても仕方がない。ちょうど近藤が、洋行の世話人のグラバーと小宴を開いていたところに、社中の一同が血相を変えて乗り込んだ。

驚く近藤に向かい、沢村惣之丞が一同を代表していった。

「およそことの大小となく、あいはかってこれを行うのが社中の盟約であり、この盟約にそむく者は割腹してその罪を謝するという明文がある。不幸にして社中にその人がいる」

いい終わらないうちに近藤の顔色が変わったが、沢村はかまわずに続けた。

「その人とは、上杉栄次郎君だ」

上杉栄次郎とは、近藤がこのころ使っていた別名だった。近藤は何かいおうとしたが、この期におよんで弁解は無用と沢村に一喝され、ついにいいのがれることをあきらめた。

「いかにも盟約のとおりに割腹して、諸君に謝罪しよう」

小曽根家の別邸で切腹の座が設けられると、近藤は覚悟を決めて死にのぞんだ。そして、最期ばかりはいさぎよく自刃して果てたのだった。年齢、二十九歳(『維新土佐勤王史』)。

この事件を、龍馬は京都で知って愕然とした。自分の留守中になんということが起こってしまったのだろうか。才気走り過ぎる近藤の欠点を、龍馬もよく知ってはいたが、それでも死にまで追い込むべきだったのかどうか。

「俺がおったら、殺しはしなかった」(『千里駒後日譚』)

そういって龍馬は残念がったという。

龍馬は、たとえ死に値するような罪を犯した者に対してでも、できるかぎり命を助けようとするような人だった。あの時計拾得事件の山本琢磨のときもそうだったように。殺伐とした時代のなかにあっても、命の大切さだけは、決して忘れることのなかった龍馬だった。

薩長同盟の締結

慶応二年（一八六六）一月十九日、龍馬は大坂から舟で伏見に入った。伏見では定宿の寺田屋に投宿し、お龍とも再会することができた。

もっとも、久々の逢瀬を楽しんでいる暇はなく、翌日には京都に出立しなければならない。薩長和解という大事業が、あと一歩で成就《じょうじゅ》するところまできているのだ。それがなるまでは、龍馬は身を休めることはできなかった。

同行者のうち、新宮馬之助と池内蔵太は連れていくが、三吉慎蔵は寺田屋に預けていくことにした。三吉は長州支藩の者だったから、薩摩側によけいな嫌疑を抱かせないようにと思ったのだ。

龍馬から三吉の身柄を預けるといわれたお龍は、少し心配だった。

「それなら私が預かりますが、ずいぶん新選組が往来するようですから、万一、三吉さんに怪我があったらどうしましょう。私が死ねばいいですか」

そう冗談めかしていうと、龍馬もこう返した。

「うん。おまえが死んでさえくれれば、長州へ申しわけは立つ」

息のぴったり合ったところを見せる二人だった（『千里駒後日譚』）。

翌二十日、京都に入った龍馬らは、長州藩代表の桂小五郎の宿におもむいた。すでに桂は八日に京都入りしており、薩摩藩代表の西郷吉之助らとの会談は、もう終了していてもいいころだった。

しかし、龍馬が桂から聞かされたのは、意外な言葉だった。

「君らの同志が、今日までせっかく尽力をしてくれたが、僕はこのまま帰国するつもりだ」

龍馬は驚き、どういうことかと事情を尋ねた。すると桂がいうには、薩長和解の件を薩摩のほうがいい出してこないため、話が一向に進んでいないというのだった。桂は続けてこういった。

「坂本君よ、考えてもみたまえ。現在の薩摩は中立するにしても、あるいは誰に味方するにしても、その進退は自由である。一方、長州は天下を敵として、その包囲中に孤立している状態なのだ。なのに毎夜の宴席で、いまだ薩摩の重役から連合のことをいい出さない。いまそれをこちらからいい出せば、まるで憐れみを他人に乞うようなものだ。たとえ長州が焦土になったとしても、面目を落とすような見苦しい態度をとることはできない。だから、きっぱりと帰国しようと決心したのだ」

そうだったのかと、龍馬はようやく状況がわかった。しかし、藩の面子《メンツ》ばかりにこだわって、せっかくここまできた薩長和解をだいなしにするわけにはいかないのだ。

「しばらく待っていてくれ」

そういい残すと、龍馬はすぐさま二本松の薩摩藩邸に走った。

それにしても、両藩の体面ばかりを気にする態度の愚かさには、あきれるばかりだった。こんなことを繰り返していたら、日本の将来はどうなってしまうか。

「俺は生来、怒ったことがなかったが、このときばかりは本当に激昂したよ」

のちにそう述懐した龍馬だった。

薩摩藩邸の門をたたき、西郷に面会した龍馬は、今回の薩摩の冷たい態度を責めた。苦しい立場にいる長州を、薩摩が理解してやらなくてどうするのだと、龍馬は熱く語ったのだった。

この熱意が通じた。西郷は反省の色を見せ、こういった。

「わかりました。こちらから、あらためて同盟のことを桂さんに申し入れましょう」

龍馬が心から待ち望んでいた、うれしい言葉だった（『維新土佐勤王史』）。

こうして二十二日、薩摩代表の西郷と小松帯刀、長州代表の桂、それに龍馬も同席したうえで、薩長両藩の和解が成立した。しかも、単なる仲直りというだけではなく、来たるべき幕府との戦争における対応も視野に入れた軍事同盟が結ばれたのだった。

一、長州と幕府が戦争となったときは、薩摩はすぐさま二千人の兵を上京させ、現在の在京の兵に合流し、大坂にも千人の兵を送り、京坂両所を固めること。

一、戦いが長州の勝利となりそうなときは、薩摩は朝廷に申し出て、長州の冤罪をはらすように尽力すること。

一、万一、負けそうなときでも、一年や半年で潰滅するようなことはないので、その間に薩摩は必ず尽力すること。

薩長同盟は小松帯刀の屋敷で締結された
（屋敷跡・京都市上京区）

一、幕兵が東帰したときは、薩摩は朝廷に申し出て、すぐさま長州の冤罪が解けるように尽力すること。

一、兵を上京させたうえで、一橋、会津、桑名などがいまのように朝廷を擁し、正義をこばみ、周旋尽力の道をさえぎるときは決戦におよぶほかはないこと。

一、冤罪が解けたうえは、両藩は誠心をもって力を合わせ、日本のために砕身尽力することはいうまでもなく、いずれの場合にあっても、今日から両藩は日本のため、天皇の威光が増し、復権することを目標に誠心を尽くし、必ず尽力すること。

右の六か条の議決内容は、正式な文書にはされなかったが、翌二十三日、桂が独自に清書してまとめ、龍馬に送って確認のための裏書きを求めた。受け取った龍馬は、

「表に記された六か条は、小松、西郷の両氏、および老兄（桂のこと）、龍馬なども同席して話しあったものであり、少しも相違はありません」

と朱筆で裏書きした。一介の脱藩浪士の立場でありながら、龍馬が保証する形で、いま薩長同盟という大事業が成立したのだった。

この同盟締結によって、長州藩側の士気は大いに高まり、倒幕へと流れる潮流は勢いを

増していくのである。

寺田屋での遭難

薩長同盟が結ばれた翌二十三日、龍馬は、新宮、池と別れ、伏見の寺田屋に帰った。龍馬の帰りを待っていた長府の三吉慎蔵は、首尾よく同盟が成ったことをよろこび、その晩は、お龍をまじえて祝いの宴となった。

大仕事をやりとげて肩の荷が下りた龍馬らは、遅くまで談笑し、風呂に入ってようやく寝ようとしたときには、時刻は深夜三時ごろになっていた。

二階にいた龍馬が、階下でなにやら物音がするのをいぶかしんでいると、突然、あとから風呂に入っていたはずのお龍が、あわてて階段をのぼってきて告げた。

「気をつけてください。敵が襲ってきました」

このときのお龍の姿は、濡れ肌に袷《あわせ》を一枚引っ掛けただけの姿とも、全裸であったとも伝わっている。

それにも龍馬は驚いたが、ともかく大小の刀を腰に差し、入手したばかりのピストルを手にして敵襲にそなえた。ただし、風呂あがりであったので、袴をはいている暇がなく、浴衣の着流し姿での応戦となった。

ピストルというのは、長州の高杉晋作と先ごろ会ったときに護身用として贈られたもので、六連発のリボルバー（回転式連発拳銃）だった。俗に、スミス&ウエッソン二型であったとされているが、その根拠は何もない。のちに龍馬が同社製のピストルを所持していたのは確かであるものの、このとき持っていたものもそうであったとはいえないのである。

二階に押し寄せた捕吏《ほり》は伏見奉行所の手の者で、人数は約三十人。槍や六尺棒を手に、口々に「上意、上意」と告げた。これに対して龍馬は、

「薩摩の士に無礼するな」

といいはなったが、もとより偽称であることは相手もわかっている。この大男が土佐脱藩の坂本龍馬であることを、伏見奉行所ではほぼ正確につかんでいたのだった。

しかも、『莠草年録《ゆうそうねんろく》』という史料によれば、その龍馬が「薩長内応の周旋いたしおり候者」であることまで奉行所では把握していた。一般に、薩長同盟はひそかに締結されたも

ので、幕府方には知られていなかったといわれているが、実際には締結の翌日には早くも漏れていたのである。

　奉行所の捕吏が槍をかまえて向かってくるので、やむなく龍馬はピストルの引き金を引いた。パンという音がして敵は引き下がったが、暗がりのなかでのことなので、命中したかどうかはわからない。

　次の者に二発目を放つと、これも命中したのかどうか、後方に退いた。龍馬がピストルを持っていることに気づいた敵は、槍を投げてきたり、火鉢をひっくりかえしたりしたので、三吉が得意の槍をふるって応戦する。

　龍馬が三発目を撃ったあと、一人の敵が横から近づいて、ピストルを持つ手をめがけて斬りつけた。そのため龍馬は、右手の親指のつけねの肉をそがれ、左手の親指の関節と、人差し指のつけねの関節を斬り割られてしまった。

　ピストルは幸いに落とさなかったので、その敵に銃口を向けると、すばやく障子の陰にかくれて逃げた。かわりに迫ってきた別の敵に向けて四発目を放ったが、これも当たったかどうかはわからない。

　このピストルが六連発であることは前述したが、当日、龍馬は五発しか弾丸を込めていなかったという。予備の弾は何発か持ってはいたが、弾倉のなかにはあと一発だけになったため、無駄にしないようにと龍馬はねらいをさだめた。

手の負傷により安定感を欠いたので、味方の三吉の左肩を台にして、慎重に放った五発目は、今度は一人の敵の胸に見事に命中した。敵は、ものもいわずにその場に倒れ、息絶えたようだった。

捕吏たちは、その威力に恐れをなし、なかなか襲いかかってはこない。いまのうちにと、龍馬はピストルの回転式弾倉をはずし、弾を装塡しようとした。しかし二発まで込めたとき、誤って弾倉を床に落としてしまった。

リボルバーの弾倉は、のちに本体からはずしても落ちないものが主流になるが、このころのピストルではこういうこともあった。落下した弾倉は、暗がりであったために、どこへ行ったかわからない。

これではもう使えないと、龍馬はピストルを捨て、

「いまのうちに逃げよう」

と三吉に告げた。三吉も槍を投げ捨てて、二人で裏階段を駆け降りた。

裏手に隣接する民家を突っ切って、通りに出ると、幸いなことに捕吏の姿はない。その

お龍の機転で、寺田屋からの脱出に成功
（京都市伏見区）

まま五町ほども走って、濠川の河原に出ると、都合のいい材木小屋があったので、そこに二人はかくれることにした。

ようやくひと息つくことができ、しばらくの間はじっとしていたが、発見されるのは時間の問題かもしれない。前途に絶望した三吉は、ここでいさぎよく割腹しようといいだしたが、龍馬は引きとめた。

「死は覚悟しているが、君はいまから薩摩藩邸に走れ。もし途中で敵に出会えば、それまでのこと。俺もまたここで死ぬだけだ」(『三吉慎蔵君日記抄録』)

いわれた三吉は、懸命に伏見の薩摩藩邸まで走り、どうにかたどりつくことができた。

藩邸には先にお龍が駆け込んでいたから、薩摩側には事情はわかっていた。

留守居役の大山彦八が、すぐに濠川に舟を出し、川沿いの材木小屋まで龍馬を迎えにいってくれた。龍馬はようやく自分が助かったことを知り、薩摩藩邸に護送されると、そこで待つ三吉とお龍に再会することができたのだった。

お龍がうれしさのあまり門前に飛び出してきたのを見て、龍馬も「おまえも来ていたか」(『千里駒後日譚』)と声をあげた。互いの元気そうな顔を見て、無事をよろこびあう二人だった。

日本初の新婚旅行

寺田屋で龍馬が襲われたことを聞いて、京都の西郷吉之助は驚いた。幕吏の行為は許せないといって、みずから兵を引き連れて伏見奉行所に乗り込もうとしたほどだ。

さすがにそれは止められたので、医師を伏見に送って龍馬の負傷を治療させ、また護衛の兵を派遣して、龍馬ら三人を京都藩邸に引き取ることにした。

一月三十日、三人が京都に到着すると、西郷が直々に出迎えて、龍馬の無事をよろこんだ。お龍のことも、

「ようきた、ようきた。お龍、このたびはおまえの手柄が第一だ。おまえがいなかったら、みなの命がなかったのだ」（『千里駒後日譚』）

といって、藩邸では大変なもてなしようだった。

事件の夜、お龍のとっさの通報のおかげで救われた龍馬は、そのことをのちに乙女あての手紙にも書いている。

「正月二十三日の難に遭いしときも、この龍女がおればこそ、龍馬の命は助かりたり

――」

そして、この事件をきっかけに、龍馬はお龍を正式に妻に迎える決心をした。自分の命を身を投げ出して救ってくれたお龍の姿を見て、これからの人生をともに生きていけるのはこの女しかいないと、あらためて龍馬は思ったのだった。

薩長同盟締結を報告するため、西郷らが国許に帰ることになったとき、龍馬たちに対して粋なはからいがなされた。

自分たちと船で同行し、ゆっくりと薩摩見物でもしてはどうかというのだ。龍馬は、寺田屋で受けた手の負傷を癒す必要があったから、温泉場の多い薩摩で静養できるのは願ってもない話だった。

そしてこれが、龍馬とお龍が事実上の夫婦になった直後のことだったため、まるで新婚旅行のようなものになった。それで、このときの二人の薩摩行きは、「日本初の新婚旅行」などといわれることがある。

それが正しいかどうかはさておき、旅じたいはまさしく新婚旅行と呼ぶにふさわしい、幸せムードにつつまれたものになった。

三月五日、大坂から薩摩藩船三邦丸に乗り、龍馬らは西へ向かった。途中、瀬戸内海を通るときには、その景観のすばらしさに、お龍は甲板に出てきて感動した。龍馬も、そこへやってきて語りかけた。

「お龍どうだ、なかなか風景のいい海じゃろ。おまえは船が好きじゃから、天下が鎮静して、王政回復のあかつきには、汽船を一隻こしらえて日本の沿岸をまわってみようか」

お龍も笑顔でこたえた。

「はい、私は家なぞはいりませんから、ただ丈夫な船があればたくさんです。それで日本はおろか、外国のすみずみまで残らずまわってみとうございます」

このお龍のいいようには、龍馬も「突飛な女だ」と笑うしかなかった（『反魂香』）。

三月十日、三邦丸は薩摩に到着し、龍馬らは鹿児島城下の宿に落ち着いた。現地での案内役をかって出たのは吉井幸輔で、彼らは十六日に日当山《ひなたやま》温泉へ湯治に向かった。

翌十七日は塩浸《しおびたし》温泉に移動し、そこで十日間ほど滞在している。谷川で魚を釣ったり、ピストルで鳥を撃ったりして過ごす日々が、龍馬の心身の疲れを癒してくれるようだった。

二十八日には霧島温泉に向かったが、ちょうどそこへ小松帯刀が足腰の痛みのために湯治に来ており、龍馬らは見舞いをかねて一泊した。

翌日、霧島山へ龍馬らが登ろうとしたとき、小松は二人に弁当がわりにカステラを与えている。カステラはまだめずらしい菓子だったので、龍馬は小松から聞いた作り方のレシピを手帳にメモしておいたほどだった。

そのあと息をきらせて霧島山に登った二人は、なんとか頂上までたどりつき、そこに「天《あま》の逆鉾《さかほこ》」と呼ばれる神器が立てられているのを見た。天狗の顔が二つくっつけてあるような奇妙な神器に興味を持ったお龍は、

「引き抜いてみとうございます」

と突然いい出し、龍馬が苦笑していると、お龍は一気にそれを地面から引き抜いてしまったという(『千里駒後日譚』)。

山頂からの景色は、どこまでも見渡すばかりに広がり、山肌に一面にはえたキリシマツツジの美しさは、この世のものとは思えないほどだ。そんな薩摩の自然を存分に堪能して、二人は山を降りた。

この日は霧島神宮近くで一泊し、翌三十日は吉井の待つ霧島温泉に戻り、四月一日に塩浸温泉、八日に日当山温泉をへて、十二日、鹿児島城下へ二人は帰ってきた。

日ごろ、国事に奔走して心身の休まることのない龍馬にとっては、はじめて過ごすこと

お龍が引き抜いてしまった天の逆鉾
（宮崎県西諸県郡高原町）

のできたのんびりとした日々だった。薩長同盟の成功、お龍との結婚、そんな公私ともに充実したこのころが、龍馬の生涯において、最も幸せな時期であったに違いない。

四境戦争に参戦

お龍との新婚旅行を終えた直後、すなわち慶応二年(一八六六)五月二日、龍馬にとってはつらい出来事があった。

先の軍艦、武器斡旋の返礼として、長州藩から薩摩藩へ贈る兵糧米を積んだ桜島丸(乙《いっ》丑《ちゅう》丸《まる》)が航海の途中で嵐に遭い、引き綱で曳航《えいこう》されていた亀山社中の新しい船・ワイルウェフ号が五島列島の中通島《なかどおりじま》沖で沈没してしまったのだ。

このワイルウェフ号には、社中の池内蔵太、黒木小太郎、佐柳高次《さなぎたかじ》が乗り組んでおり、佐柳と三人の水夫はかろうじて助かったが、池と黒木は十人の水夫とともに海中に没した。社中をはじめて襲った痛ましい事故だった。

生き残りの佐柳から鹿児島で報告を受けた龍馬は、驚き、悲しんだ。特に池は、社中にはまだ新参であったから、航海技術も満足に習得していなかったのだ。

「あわれなるは池内蔵太にて候――」

とのちに故郷あての手紙にも書いている。

六月四日、桜島丸に乗って鹿児島を出航した龍馬は、長州へ向かう途中、中通島に立ち寄った。そこで、池、黒木らの死をいたんで慰霊碑を建立し、手厚い供養をした。

ただし、いつまでも悲しんでいるわけにはいかなかった。

幕府の第二次長州征伐がついにはじまり、六月七日、幕府側の軍艦が周防大島《すおうおおしま》を砲撃して戦端が開かれたのだった。大島口のほか、石州口《せきしゅう》、芸州口《げいしゅう》、小倉口といった藩境の四方面で戦闘が行われたため、このときの戦争を長州側では四境戦争と呼んだ。

長州と秘密同盟を結んでいた薩摩は、とりあえず幕府軍に加わることを拒否して、戦況を見守ることとした。強兵の薩摩が参戦しないだけでも、長州にとってはありがたいことだった。

そんな状況であったから、先に長州から薩摩に贈られた数百俵の米は、長州に返還されることになった。出兵しない薩摩が受け取るよりも、長州が兵糧米として活用するべきだと西郷吉之助が判断したのである。

六月十四日に下関に着いた桜島丸には、この米が積み込まれていた。さっそく桂小五郎に面会した龍馬は、西郷からの伝言を伝えたが、一度やったものを受け取るわけにはいかないといって、桂は固辞した。

体面を気にしすぎる桂の悪い癖がまた出そうになったが、龍馬は双方の立場を理解したうえで、このような提案をした。

「むなしく米を船中で腐らせてしまうのは無益なことだ。むしろ俺がもらって利用し、国に尽くす元手とするのはどうだろうか」

桂は笑って、そのとおりだといい、龍馬に米を寄付することにした。龍馬も、われながらうまくいったと思っていたようで、

「これこそ、いわゆる他人のふんどしで相撲をとるということだ」

と笑いながらいっていた(『維新土佐勤王史』)。

六月十六日、長州藩のもう一人の指導者である高杉晋作が桜島丸にやってきた。この一月には龍馬にピストルを贈り、寺田屋の危機から救った高杉が、桜島丸に小倉口への参戦を依頼してきたのだった。

前述したように、桜島丸は長州の専用艦となることが決まっていたが、高杉は、龍馬と

龍馬にピストルを贈った高杉晋作

亀山社中がつちかってきた海軍の技術を欲しがった。厳しい戦況のなかで、龍馬らが戦線に加わってくれれば、必ずや幕府軍に打撃を与えることができると、高杉は信じていたのである。

この申し出を龍馬は快諾した。翌十七日早朝、桜島丸は、高杉の乗った丙寅丸《へいいん》とともに出航し、門司と田ノ浦の敵陣に左右から攻撃をかけた。

特に、龍馬の桜島丸は数十発の大砲を撃ち放ち、敵の砲台を壊滅状態に追い込んだ。来援の龍馬らの活躍に長州兵も奮い立ち、この日の戦いは、長州軍の大勝に終わった。

その後も小倉口では激戦が繰り広げられたが、やがて征長軍の戦意を一気に喪失させる出来事が起こった。七月二十日、総大将の将軍家茂が、大坂城内で病死したのである。

これにより幕府は朝廷に働きかけて休戦の勅命を出させ、敗戦が明確にならないようにして征長軍を引き上げさせた。しかし戦況を見れば、敗れたのが征長軍であることは誰の目にも明らかだった。

なお下関海戦で大活躍した桜島丸は、戦いのあと予定どおり長州藩の所有となり、名も乙丑丸とあらためられた。こうして社中は持ち船をすべて失ってしまい、運営の危機におちいったが、十月になって、待望の新船を手に入れることができた。

プロシア（ドイツ）商人チョルチーから買い入れた大極丸で、長崎の豪商小曽根英四郎が保証人となって実現したものだった。小曽根は、以前から自宅裏の別邸を社中のために開放するなど、長崎における龍馬のよき後援者だった。

同じ十月には、薩摩藩から社中に与えられる待遇があらためられている。これ以前のことは記録がないためにわからないのだが、この月以降は、隊士一人あたり月額三両二分の給料が支給されるようになった。自給自足をめざしていた社中も、一定額の基本給は得ていたのである。

海援隊の誕生

慶応三年（一八六七）の年が明けた。龍馬、三十三歳。

その龍馬のもとに、ある日、一人の男が面会を申し入れてきた。土佐藩参政の後藤象《ごとうしょう》二郎《じろう》である。

後藤は、土佐藩が尊攘派に徹しきれないでいるうちに、いつの間にか時勢から取り残されていった現状を憂えていた。そこで、藩が再び政界の中心に返り咲くために、土佐を脱藩して活躍している坂本龍馬という男の力を利用しようと考えたのだった。

一月中旬、長崎の清風亭で龍馬と後藤の会談は行われた。ただし、龍馬のほうは、はじめはあまり乗り気ではなかった。

なぜならば、この後藤は、数年前に武市半平太や岡田以蔵らの勤王党員に弾圧を加えた張本人だったからだ。昔の仲間を殺した男と、笑顔で会えるはずがなかった。

そんな複雑な気持ちで清風亭におもむいた龍馬は、部屋に入ってすぐに驚かされた。そこには、龍馬がひそかに長崎の花街で馴染みにしていたお元《もと》という女性の姿があったのだ。

おそらくは後藤が席に呼んだのだろうが、お元のことは亀山社中の同志にも知られないようにしていたのに、なぜ後藤が知っていたのか。龍馬はとまどった。

しかし、考えようによっては、それだけ後藤は自分のことを綿密に調査しているということであり、今回の会談を重要に思っていることになる。とすれば、もしかすると後藤というのは、実は誰よりも真剣に土佐のことを考えている男なのかもしれない。

そう考えなおした龍馬は、あらためて後藤の話に耳を傾けてみようと思ったのだった。

龍馬との対面の際に“意外な”人物を連れてきた後藤象二郎

この会談のようすは、社中の同志も気にかけており、やがて龍馬が帰ってくると、

「後藤はどうでした」

と口々に聞いた。それに対する龍馬の答えは、このようなものだった。

「近ごろの土佐の上士のなかでは、めずらしい人物だった」

同志たちがその理由を聞くと、龍馬はこう語った。

「彼とわれとは、昨日までは刺さば突こうという敵同士だったのに、あえてひと言もこれまでのことにふれず、ただ前途の大局のみを説くのだ」（『維新土佐勤王史』）

そんな後藤の前向きな姿勢を、龍馬は気に入ったのだった。

同志たちはそれでもまだ納得がいかないようすだったが、誰かが、

「西郷、大久保、木戸、高杉、もしくは勝とも出会っている坂本さんが、こうまで心服するからには、後藤もそれなりの人物に違いないだろう」（『伯爵後藤象二郎』）

といったので、一同はようやく納得した。

このとき後藤が説いた前途の大局とは、土佐藩がいよいよ幕府寄りの立場を捨て、倒幕派に加わって動き出すというものだった。それが、龍馬にはうれしかった。薩摩

土佐を脱藩はしていても、龍馬にはやはり生まれ故郷のことは気にかかっていた。

も長州も、藩が一丸となって目標に向かっているのに、土佐だけが取り残されている現状を残念に思っていたのである。

後藤との会談によって、さっそく二月には、龍馬の脱藩罪が許された。

このとき同時に、中岡慎太郎も許されており、四月には、龍馬と中岡に土佐藩庁から新たな辞令が与えられた。それは、土佐藩の付属として、「海援隊」と「陸援隊」を創設し、それぞれの隊長に龍馬と中岡を任命するというものだった。

このうち海援隊のほうは、これまでの亀山社中と趣旨に変わりがなかったことから、社中の組織や人員がそのまま移行した。ただ、従来は薩摩藩の庇護下にあったものが、土佐藩の付属になったということだった。

この時点で在籍していた隊士は十六人。出身地別に整理してみると、次のようである。

土佐　坂本龍馬　沢村惣之丞　菅野覚兵衛　高松太郎　新宮馬之助　石田英吉　山本洪堂　中島作太郎　長岡謙吉

越前　渡辺剛八　小谷耕蔵　腰越次郎

越後　白峰駿馬　橋本久太夫

紀州　陸奥元二郎

讃岐　佐柳高次

右のうち陸奥元二郎《むつげんじろう》は、維新後に陸奥宗光と名乗り、外務大臣として活躍した人物で、経済、商法に通じていた。それについては龍馬も高く評価していて、

「わが隊中の者は大小の刀を取り上げれば、みな路頭に迷うやつばかりだが、ひとり陸奥だけは食うに困る男ではない」

と語ったと伝えられる。

また橋本久太夫《はしもときゆうだゆう》は、幕府の軍艦の乗組員だったが、脱走して龍馬に従ったものだった。もともと船乗りだっただけあって、航海術にかけては絶品で、龍馬も、

「橋本の仕事は実にいさぎよい。俺の抱える者はみなこんな者だ」

と満足げに語ったほどだった（『千里駒後日譚』）。

多彩な人材のそろった海援隊のなかにあって、ひとり小谷耕蔵《おだにこうぞう》は、佐幕思想を抱いていたことから、同志たちと衝突することが多かった。ついに一同は小谷の除隊を龍馬に願い出たが、龍馬はこういって彼らを制したという。

海援隊と龍馬（左から３人め）

「海援隊は政治研究所ではない。航海の実習を目的とするものだ。主義の異同はあえて問わない。隊中ただ一人の佐幕の士を同化することができなくてどうするか」

これには隊士たちも反論することができず、以後、小谷は龍馬の度量の大きさに一層心服したのだった（千頭清臣『坂本龍馬』）。

なお、この海援隊と陸援隊を合わせて呼ぶときの名称もあった。名づけて「翔天隊」。命名したのは、土佐藩参政の福岡藤次《ふくおかとうじ》（孝弟《たかちか》）で、鶴が自由に天を翔《かけ》るように両隊に活躍してほしいとの思いが込められていた。

この翔天隊という名称は、実際には使われる機会がないままに終わったが、その天を翔るというスケールの大きさは、まさしく龍馬にふさわしいものだった。

岩崎弥太郎と土佐商会

海援隊は、亀山社中のころと同様に、諸費用は自給自足でまかなうことになっていた。

そのことは、土佐藩大監察の佐々木三四郎（高行）も、「海援隊はもともと脱藩生の集合隊である。我が藩ばかりではなく、他藩人もまじっている。したがって藩からは別に手当はない」(『佐々木老侯昔日談』)と語っている。

ただそうなると、亀山社中のころでさえ、実質的には月額三両二分という固定給を得ていたのだから、彼らの待遇はむしろ悪化したということになってしまう。土佐藩という後ろ盾を持って本格的な商社活動ができる状況が整ったとはいえ、月々に決まったものが支給されないのは、やはり苦しい。

そこで龍馬は、土佐藩の出先機関である土佐商会に無心することを考えた。

土佐藩参政の後藤象二郎は、この年の二月、他藩や外国との交易などを目的とした商会を大坂と長崎に設立していた。龍馬は、そこに目をつけたのである。

後藤もまた、おおらかな人だったから、規約がどうこうというのにはあまりこだわらず、龍馬の申し出どおりに金を出すことを承知した。

四月十九日、後藤は、そのころ長崎土佐商会の責任者をつとめていた岩崎弥太郎《いわさきやたろう》を呼び出した。岩崎は、安芸郡井ノ口村の地下浪人の出であったが、学才をもって郷士に復帰し、さらに後藤に認められて長崎に招かれた人物だった。

年齢は、龍馬より一歳年長の三十四歳。記録のうえでは、これまでに龍馬との接点はなく、このときがはじめての対面ということになる。

後藤のいうには、

「才谷《さいだに》と社中合わせて十六人、一人あたり月五両をくれといっている。今日、船出するということなので、とりあえず百両を才谷に渡してやってくれ」

ということだった。才谷というのは、龍馬がこのころ使っていた変名の才谷梅太郎のことである。名字の才谷が、故郷の本家・才谷屋からとったものであることはいうまでもない。

岩崎は、いわれたとおりに百両を用意して、部下に命じて龍馬のもとへ届けさせた。すると、すぐに龍馬から手紙が来て、そこには、

「百両は隊士に渡した。ところで、隊長である自分の給金はどうしてくれるのか」

と驚くべき内容が記されていたのだった。岩崎はあわてて後藤に相談したが、それ以上出す必要はないというのが後藤の返事だった。

それで岩崎は、龍馬に手紙を書き、これ以上の金は出せないことを告げたところ、再び龍馬から返信があって、

「今度の大坂行きは仕方のない事情によるものだから、なんとしても五十両を借用させて

もらいたい」

というのである。坂本というやつはなんと身勝手な男なのだろうと、岩崎は困りはてたが、結局、自腹を切る形で公金を借り、龍馬に与えることにした。ごつい顔に似合わない、人のいいところのある岩崎だった。

そのあと五十両の現金を持って、龍馬の宿へ岩崎みずから出向くと、龍馬は大いによろこんだ。そして初対面の岩崎に酒肴をふるまい、二人はたそがれどきまで談笑したという。金を手に入れると、とたんに機嫌のよくなる龍馬だった（『岩崎弥太郎日記』）。

この龍馬分の五十両は別にして、隊士たちの月額五両という給金は、その後も継続して支給されていたことが、岩崎の日記に記されている。亀山社中のころの三両二分よりは、結果的に少し待遇が改善されたことになったのである。

なお、この日のことをきっかけに、龍馬と岩崎は親しく交遊するようになった。財政面にたけた岩崎を、やはり商人感覚を持った龍馬が気に入り、意気投合したというのもあったのだろう。

維新後、大坂土佐商会の後身である九十九《つくも》商会を私商社として譲り受け、三菱商会、三菱蒸汽船会社に発展させた岩崎弥太郎。のちの三菱財閥の基礎を作った商人としての才覚は、あるいは龍馬と過ごした長崎での日々が花開かせたものであったかもしれない。

いろは丸の沈没

海援隊の発足と同時に、龍馬は新たな船を調達することに成功した。伊予大洲《いよおおず》藩所有の「いろは丸」という船で、一航海につき五百両で借り受けたものだった。

今日をはじめと乗り出す船は
稽古はじめのいろは丸

四月十九日、長崎を出航したいろは丸の船内では、そんな歌が景気よく歌われていた。ところが、いろは丸のこの記念すべき初航海で、とんでもないことが起こった。二十三日夜、瀬戸内海の讃岐箱崎沖を航行中に、紀州藩船の明光《めいこう》丸と衝突してしまったのである。

前方から向かってくる明光丸の姿に気づいたいろは丸側は、あわてて船首を左に傾けたが間に合わなかった。明光丸の先端が側面に突き刺さるような形になり、いろは丸は大破した。

しかも、いったん船体が離れたあと、どうしたことか明光丸はもう一度突っ込んできて、いろは丸をさらに損壊させたのだった。龍馬はとっさに身を躍らせて明光丸に飛び移り、海援隊士たちもあとに続いた。

明光丸艦長の高柳《たかやなぎ》楠之助《くすのすけ》と対面した龍馬は、

「わが船をこの船につなぎ、全没するのを救え」

と叫んだが、高柳は明光丸もともに沈没することを恐れ、いうことを聞かない。龍馬はやむなく、荷物だけでも明光丸に移そうとしたが、そうこうしているうちに、いろは丸の船体は海中に沈んでいき、やがて姿が見えなくなった。

龍馬らの希望を乗せたいろは丸は、はじめての航海で、海の藻屑《もくず》と消えたのである。水夫を含めて乗組員三十四人が、全員無事だったのが唯一の救いだった。

とりあえず全員、近くの備後鞆《びんごとも》の浦に上陸し、そこで数日間、事故の賠償問題が話し合われた。しかし、明光丸側はみずからの責任をかたくなに認めず、話し合いは平行線をたどるばかりだった。

これに業を煮やした海援隊士の佐柳高次と腰越次郎《こしごえじろう》は、龍馬に向かって自分たちの除隊を願い出た。

「われらは隊を脱し、隊に迷惑をかけないようにして明光丸に乗り込み、乗組員をことごとく斬り殺して、いさぎよく割腹するつもりです」

佐柳は事故当日の当番士官で、腰越は機関担当。二人の血気の若者には、紀州側の態度がどうしても許せなかったのだ。

そんな二人を制して、龍馬はいった。

「勝算はすでにわが胸にある。必ず紀州を屈服させるから、しばらくの間は我慢して俺の指示を待て」

佐柳と腰越は不満そうだったが、龍馬の命令は聞くしかなかった(『維新土佐勤王史』)。

この龍馬の勝算というのは、土佐藩を交渉の場に引っ張り出してくることだった。なにしろ相手は天下の御三家の一つ紀州藩で、こちらは浪士結社の海援隊なのだ。対等に渡り合うためには、自分たちの元締めである土佐藩の力が必要だった。

その後、交渉の場は長崎に移され、五月十五日から交渉は再開された。長崎は海援隊の

いろは丸沈没の賠償問題が話し合われた鞆の浦
（広島県福山市）

本拠地であったから、龍馬は丸山の料亭などに遊んでは、こんな歌をつくって流行させた。

船をやられたそのつぐないにゃ
金を取らずに国を取る
国を取りて蜜柑を食う

蜜柑はいうまでもなく紀州の名産物であり、龍馬は、非が紀州側にあることを世論操作して広めようとしたのだった。その効果は絶大で、やがて長崎市中では縁もゆかりもない者までが、「紀州を討て」「紀州の船を取れ」などと口々にいうようになったという。

長崎での交渉は、数回にわたって行われたが、二十二日に土佐藩参政の後藤象二郎が乗り出してきたことで風向きが変わった。紀州藩奉行の茂田一次郎《しげたいちじろう》に対し、後藤は持ち前の弁舌でやりこめたうえに、こういった。

「衝突沈没のことは、わが国ではいまだ判例がない。幸いなことにいま、イギリスの水師提督が長崎に来ているから、彼から万国規制による判例を求めてはどうか」

そんなことをして、もしも紀州の非が国際的に明らかになれば大変なことだ。ついに茂田は事実上の敗北を認め、知人の薩摩藩士・五代才助《ごだいさいすけ》（友厚《ともあつ》）に泣きつき、和解の調停を依頼するのだった。

五代による調停の結果、五月二十九日、紀州藩が土佐藩に八万三千両の賠償金を支払うことで和解が成立した。龍馬と後藤の連携が、大藩紀州を倒したのである。

なお、交渉のさいに後藤が「万国規則」という言葉を使っているが、この発言をきっかけにして龍馬が『万国公法』の存在を知った可能性もある。世界中のさまざまな紛争の解決に役立つ『万国公法』という書物があると、龍馬はほかならぬ後藤から教えられたのかもしれなかった。

船中八策を語る

そのころ京都では、土佐藩と薩摩藩との間に、「薩土密約」と呼ばれる密約が結ばれていた。五月二十一日、土佐から中岡慎太郎、乾《いぬい》（板垣《いたがき》）退助《たいすけ》ら、薩摩から西郷吉之助、小松帯刀らが出席して、ともに武力倒幕に尽くすことを約束したものである。

しかし、話を伝え聞いた龍馬は、この密約に乗り気になれなかった。倒幕は実現しなければならないが、内戦はできるだけ避けたいとの思いが龍馬にはあったからだ。無用の血を流さずに革命を行うのが、龍馬の理想だった。

このころ龍馬がひそかに考えていたのは、こういうものだった。

「正々堂々の議論をもって幕府に迫り、みずから政権を奉還させる」（千頭清臣『坂本龍馬』）

その議論が受け入れられなかったときに、はじめて武力を用いても遅くはないというのである。

龍馬のこの構想を「大政奉還」という。かつての大久保一翁の考えを具現化したものだ。徳川家がみずから政権の座を降りるかわりに、これまでの失敗をとがめられることなく、新政権にも一諸侯として参加できる。徳川家そのものは存続しながら倒幕が実現する、奇跡のような無血革命策だった。

京都の動きが武力倒幕に固まらないうちに自分が行かなければと思い、六月九日、龍馬は長崎から土佐藩船・夕顔丸に乗って京都へ向かった。

このとき船中で、同乗の後藤象二郎に向かい、大政奉還策および新政府のなすべき政策が、はじめて語られた。論策は八か条あり、船中で語られたというので、一般にこれは「船中八策」と呼ばれている。

一、天下の政権を朝廷に奉還し、政令は朝廷から出すこと。
一、上下議政局を設け、議員を置いて、すべてのことを会議で決定すること。
一、有能な公卿、諸侯、および天下の人材を顧問にし、官位爵位を与え、従来の有名無実の官を除くこと。
一、外国との交際は広く会議で決め、新たに適当な条約を結ぶこと。
一、古来の律令を折衷し、新たに無限の法律を制定すること。
一、海軍を拡張すること。
一、御親兵を置き、帝都を守衛させること。
一、金銀、物価は外国と平均の法律を制定すること。

龍馬は右の八策を語ると、同乗の海援隊士長岡謙吉に命じて、書き取らせた。ここには、大政奉還のほか、議会の開設、人材の登用、外国との新条約の締結、憲法の制定、海軍の充実、親兵の設置、金銀交換率の均一化といった、新しい政府のとるべき方針が見事に盛り込まれていた。

これには後藤も、「よし」といって感激した。

「さっそく容堂公にこれを献上して藩論を定めよう」（『維新土佐勤王史』）

近ごろの山内容堂は、どうにか倒幕を容認するようになってはいたが、依然として徳川擁護派であるのは変わりがなかった。そんな容堂にも、徳川家を温存するこの八策ならば受け入れてもらえるはずだ。

しかも、八策を容堂から幕府に提出して、それによって大政奉還が実現したとなれば、土佐藩の功績は絶大なものとなる。薩摩、長州に遅れをとっている現状を一変させることになるだろう。

京都へ向かう夕顔丸の船中で、自分の理想とする革命の成功に大きな期待を寄せる龍馬だった。

六月十四日に京都入りした龍馬は、河原町三条下ル車道《くるまみち》の材木商酢屋に寄宿した。酢屋に入ったいきさつはわかっていないが、このあと同店は海援隊の京都屯所とでもいうような場所になっている。

翌十五日、龍馬は中岡のもとを訪れ、大政奉還策を土佐の藩論とする動きを告げた。中岡は、武力行使なくして政権の奪取などありえないと思っていたが、とりあえず龍馬の顔を立てて反論はしなかった。

それで、先月、武力倒幕の密約を結んだ薩摩藩と、あらためて大政奉還を視野に入れた話し合いをもつことにした。

二十二日、薩摩藩代表の西郷、大久保、小松と、土佐藩代表の後藤、福岡藤次、寺村左《さ》膳《ぜん》、真辺栄三郎《まなべえいざぶろう》、それに有志代表として龍馬と中岡が参加し、三本木の吉田屋で会談は行われた。

この席で、大政奉還は承認され、以後、倒幕運動は大政奉還を主軸にして進められることになった。とはいえ、西郷も大久保も、徳川が政権をみずから返上などするわけがないと思っていたから、このあとも武力倒幕の準備は怠らなかった。

この日、あらためて結ばれた約定は、「薩土盟約」といわれている。次いで二十五日、さらに芸州広島藩が同盟に参加し、「薩土芸三藩約定書」がかわされた。芸州は、最近までは佐幕派に属していたが、ここにきて藩論が倒幕に転じていたのである。

なお、この日、龍馬は中岡の紹介で、洛北岩倉村に蟄居《ちっきょ》中の公卿岩倉具視とはじめて対面している。岩倉も武力倒幕論者だったが、龍馬の大政奉還策には一応の理解をしめした。

龍馬の理想どおりに大政奉還で決着するのか、それともやはり武力行使を余儀なくされるのか。どちらにころぶかはまだわからなかったが、倒幕派の結束によって、幕府が追い詰められているのは確かなことだった。

イカルス号水夫殺害事件

龍馬と後藤象二郎が京都に上ったのは、大政奉還策について山内容堂に言上するためであったが、その容堂は入れ違いに土佐に帰国していた。仕方なく、後藤が単身で追いかけることになり、七月七日に大坂から出航した。

龍馬は京都に残り、後藤からの報告を待っていたが、そんな龍馬に、とんでもない知らせがもたらされた。

七月六日、長崎の丸山でイギリス軍艦イカルス号の水夫二人が何者かに殺害されるという事件が起き、その犯人として海援隊士に嫌疑がかけられているというのだった。大政奉還に向けて全力を傾けたいこの時期に、いったいなんという事件が起こったのか。龍馬は、無念の思いをこらえ、八月一日、土佐藩大監察・佐々木三四郎（高行《たかゆき》）とともに兵庫から三邦丸で出航した。

十四日、下関に寄港すると、龍馬はそこでお龍としばしの再会をすることができた。お龍は、この年二月から、下関の豪商伊藤助太夫《いとうすけだゆう》のもとに預けられていた。伊藤は、長崎の小曽根英四郎と同様、龍馬に協力を惜しまない頼もしい後援者だった。

お龍のことは、同行の佐々木にも紹介したが、佐々木から見たお龍の印象は微妙なものであったらしい。

「坂本の妻は有名な美人ではあるが、賢婦人かどうかはわからない。善悪ともになしかねないように思われた」（『保古飛呂比《ほごひろい》』）

初対面の者にこうまでいわれてしまう偉人の妻というのもめずらしい。よほどお龍は、貞淑な賢婦人とはかけはなれた、悪女タイプの美人であったのだろう。

夕方には下関を発ち、翌十五日、長崎に到着した。

現地で状況を確認してみると、イギリス人水夫殺害の目撃者の談話から、犯人は白筒袖の服を着ていたといい、それは海援隊士がよく着ているものに似ていたという。

また、事件直後、海援隊所属の帆船・横笛が長崎を出航し、途中で引き返してきたが、入れ違うように土佐藩船・若紫が港を出ていったのが目撃された。それで、はじめ横笛に乗っていた犯人が海上で若紫に乗り換えて、逃亡をはかったのではないかというのである。

そう推測したのは、イギリス公使パークスで、犯人は海援隊の者に間違いないと決めつけてかかっていた。この推測にはやや無理があったが、なにしろ自国の者を殺害されて、ひどく憤《いきどお》っているから収まらない。

龍馬はすぐに海援隊の者から事情を聞き、事件とは無関係であるという手応えを得ると、「暴徒の姓名を届け出た者は、賞金として百両を与える」と書いた紙を市中に貼り出した。

百両といえば大金であり、海援隊にそのような金があるとは思えない。にもかかわらず懸賞金を出すというのだから、見たものはみな海援隊が無実であることを感じ取ったという。

しかし、長崎奉行所による取り調べがはじまったため、本当の潔白はそのなかで証明されなければならない。龍馬は、しばらくの間、長崎に滞在することを余儀なくされるのだった。

八月二十三日の取り調べでは、事件当夜、海援隊士・菅野覚兵衛《すがのかくべえ》（旧名千屋虎之助）および佐々木栄《さかえ》の二人が、現場近くの料亭にいたとの目撃談が提出された。ちょうど二人とも、取り調べ当日は横笛に乗って鹿児島に出張中だったので、無実をはらすためにやむなく長崎まで呼び戻すことになった。

二十五日に土佐藩下横目の岡内俊太郎《おかうちしゅんたろう》らが長崎丸で鹿児島に向かい、菅野と佐々木を連れて帰ってきたのは、九月二日のこと。翌三日には長崎奉行所であらためて取り調べが行われた。

イギリス通詞のアーネスト・サトウは、事件当夜、菅野と佐々木が現場近くにおり、目撃談どおりの白い服を着て、ほかにはそのような服の者は近辺にいなかったということを理由にあげ、彼らが犯人であると断定した。

しかし長崎奉行は、海援隊の者には外国人に危害を加える動機がまったくないということを重視した。確かにそのとおりで、神戸海軍操練所で修行していたころから、彼らは西洋の技術を学んでいたわけであり、単純な攘夷思想などとは無縁になっていたのだ。

結局、奉行の判断は、「土佐の人間の嫌疑は晴れたものと考える」ということになった。九月十日、海援隊の菅野、佐々木、渡辺剛八、土佐商会の岩崎弥太郎という四人の関係者の事実上の無罪が確定し、龍馬は一同を丸山の内田屋に集めて祝杯をあげた。

当夜、龍馬が佐々木三四郎にあてた五通の戯《ざ》れ文が残っていて、そこには「女軍、わが本陣を打ち破り、その声百雷の――」などと、龍馬が酔って妓楼の女たちと戯れているようすが繰り返し書かれている。事件が無実と決まったうれしさが、龍馬の羽目をはずさせたのだろう。

ともあれ、これで事件は解決した。よけいなことに時間を費してしまったが、本来の目標である大政奉還を推し進める決意を新たにする龍馬だった。

最後の帰郷

龍馬の大政奉還策については、木戸準一郎《じゅんいちろう》(孝允《たかよし》)と名を変えた桂小五郎は、どちらかといえば反対の意をあらわしていた。

尊王攘夷の旗頭として、これまで幕府と激しく戦ってきた長州藩の木戸にしてみれば、武力を行使せずに言論だけで倒幕ができるとは、どうしても思えなかったのだ。

それよりは、以前に土佐藩の乾退助と薩摩藩の西郷との間で結ばれた武力倒幕密約のほうが、木戸にはよほど現実的で魅力があった。九月四日付で龍馬にあてた手紙にも、このように書かれている。

「乾頭取と西郷座元と、とくと打ち合わせにあいなりおり、手はず決まりおり候こと、もっとも急務かと存じたてまつり候。この狂言食い違い候ては、世上の大笑いとあいなり候」

生真面目な木戸にはめずらしく、政治情勢を狂言にたとえて語っている。

「実におもしろく、よくあいわかり申し候」

龍馬も、笑いながらそう返信した。

もっとも、龍馬にしても、大政奉還策だけで必ず倒幕がなるとは思っていなかった。もしも幕府が献策を受け入れなかったときは、もはや悠長なことをいってはいられない。武力でもなんでも用いて幕府を倒すしかないのだ。

そのための準備は龍馬も怠ってはいなかった。九月十四日、オランダ商人ハットマンからライフル銃千三百挺を一万八千両あまりで買い入れている。これを土佐藩に引き渡し、軍備拡充にあたらせようというのだった。

翌日、芸州藩船の震天丸《しんてん》に銃を積み込み、十八日に龍馬は長崎を出航した。二十日には往路と同じく下関に立ち寄り、伊藤助太夫邸でお龍と対面している。

この伊藤家で龍馬が借りた部屋には、「自然堂《じねんどう》」という額がかかっていたので、それを気に入った龍馬は、自分の号として「自然堂」を使っていたこともあった。

二十二日までの二日間、龍馬とお龍はつかの間の時間を過ごしたが、結果的にこれが二人の永遠の別れとなった。

もちろん、このときは二人ともそのようなことは思ってはいなかっただろう。倒幕維新の大業がなったあかつきには、龍馬はお龍とのんびりした日々をおくることを夢見ていた。

「ひと戦争すめば、山中へ入って安楽に暮らすつもり、役人になるのは俺はいやじゃ――」(『千里駒後日譚』)

そういって、龍馬は早く戦乱のない平和な時代がやってくることを願っていた。

お龍を預かっていた伊藤助太夫の屋敷跡
（山口県下関市阿弥陀寺町）

しかし、平和を夢見る二人には、やがて非情な運命がもたらされることになる。それをつゆほども知らずに、いつものように龍馬の船を見送るお龍だった。

翌二十三日、震天丸の龍馬は土佐に着いた。数日間、鉄砲購入の件などに時間を費やしたあと、龍馬は殿様の山内容堂とはじめて対面し、大義料として五十両を贈られている。大政奉還策が龍馬の発案によるということまでは知らなかっただろうが、郷士の出でありながら土佐藩のために尽力してきた功績は、すでに容堂の耳にも入っていたのである。

そして二十八日、いよいよ城下本町の実家に帰る日がやってきた。脱藩以来であるから、実に五年ぶりの帰郷だった。故郷に錦を飾って帰ってきた龍馬を、兄の権平や姉の乙女をはじめ、親類一同が大騒ぎで出迎えた。

このとき龍馬が、客人として三条家の公家侍・戸田雅楽《とだうた》（尾崎三良《おざきさぶろう》）を連れていったのは、照れ隠しだったのかもしれない。戸田としては、何がなんだかわからないままに歓迎会がはじまり、二日間、坂本家の宴につきあわされることになった。

龍馬が、最も会いたいと思っていた乙女には、容堂からもらった金のうち二十両ほども渡して、

「なんでも好きなものを買え」

最後の帰郷の際に、龍馬は何を思ったのだろうか
（桂浜・高知市浦戸）

といってやった。あの泣き虫の寝小便たれがこんなに立派になってと、乙女は涙が出るほどうれしかったに違いない。

わずか二日の滞在だったが、土佐に帰ってきてよかったと、龍馬はしみじみ思ったことだろう。家族の情や、故郷の風土にふれて、心身ともに疲れを癒された龍馬は、倒幕維新の最後の仕上げのために、このあといよいよ京都へ向かうのだった。

大政奉還なる

慶応三年（一八六七）十月九日、龍馬は、戸田雅楽、海援隊の中島作太郎、土佐藩下横目の岡内俊太郎とともに京都に入った。

龍馬の動きは、すでに世間の注目するところとなっていたようで、そのころ発行された瓦版にもこんなことが書かれていた。

「このたび坂本龍馬が海援隊の壮士三百人を連れて上った」

これには戸田なども大笑いしていった。

「実際はわれわれ痩せ侍がわずか五、六人である」

いつの間にか世間では、龍馬や海援隊についての幻想ができあがっていたようだった（『尾崎三良自叙略伝』）。

この日、車道《くるまみち》の酢屋に入ってくつろいだ龍馬は、翌十日、さっそく白川の中岡慎太郎のもとを訪れた。中岡の陸援隊は、設立が七月にずれこんでいたが、ようやく組織が固まると、土佐藩の京都白川藩邸を隊の屯所としていたのだ。

このとき中岡がいうには、すでに十月三日、大政奉還建白書が山内容堂から幕府に提出されたということだった。武力倒幕にこだわる中岡は、あまりうれしそうではなかったが、龍馬は、建白書が必ずしも受け入れられるとは限らないからそのときを待てといって慰めた。

しかし、本心では龍馬は、ここまできたら大政奉還でいくしかないと思っていた。幸い、徳川将軍は十四代家茂の死後、英明のほまれ高い徳川慶喜となっていた。慶喜という先の見通せる男ならば、大政奉還がどれほどすぐれた献策か、わかってくれるのではないかという期待が龍馬にはあった。

そして運命の十三日、二条城に在京四十藩の重臣が集められ、大政奉還について意見を求める諮問会が行われることになった。土佐藩からは、後藤象二郎と福岡藤次が出席し、慶喜に決断をうながす役目を担った。

龍馬も必死で、朝、登城前の後藤に手紙を書いた。

「建白の儀、万一行われざれば、もとより必死のお覚悟ゆえ、ご下城これなきときは、海援隊一手をもって大樹参内《たいじゆさんだい》の道路に待ち受け、社稷《しやしよく》のため、不倶戴天《ふぐたいてん》の讐を報じ、ことの成否に論なく、先生に地下にご面会つかまつり候」

つまり、ことがならなかったら、生きて帰るなと脅しをかけたのだった。

これには後藤も困惑して、もちろん承知はしているが場合によっては生きて帰るかもしれないと、腰のひけたような返事を書いている。

ともかく、これでやるべきすべての手は打った。あとは結果を待つだけだ。慶喜が自分の心をわかってくれるかどうか、そこに成否はかかっている。後藤の下城は夕方になるだろうが、それまでが長い時間になるように思われた。

はたして夕刻、後藤からの手紙が届いた。そこには、このように書かれていた。

「大樹公、政権を朝廷に返すの号令を示せり」

龍馬の願いが届いた。慶喜は大政奉還を決断し、ここに無血革命が成立したのだった。

思わず龍馬は、はらはらと涙を落とした。そして、こうつぶやいた。
「慶喜公、今日のご心中は深くお察し申す。龍馬は誓ってこの人のために一命をささげよう」（『片岡健吉先生伝』）
この光景は、かたわらにいた海援隊の中島作太郎が語り伝えたが、それほど龍馬は、自分の献策を慶喜が受け入れてくれたことに感激していたのだった。
龍馬の一世一代の大仕事が、こうして完成した。二百数十年続いた徳川幕府は、ここに幕を降ろし、天皇を中心とする新しい政権がつくられることになった。
偉業をなしとげた立役者はもちろん龍馬だったが、表向きはそうなっていない。山内容堂であり、後藤象二郎ということになっている。いわば、手柄をさらわれてしまった形だが、龍馬はまったく気にしていなかった。
「ことは十中の八か九までを自分でやりとげ、残りの一か二を他人に譲って手柄にさせるのがいいのだ」（千頭清臣『坂本龍馬』）
そういって笑っていたという。このこだわりのないおおらかさが、龍馬の最大の魅力であっただろう。

世界の海援隊

大政奉還が実現したことは、倒幕派の同志たちをも驚かせた。まさか本当にできるとは、誰も思っていなかったのだ。

実は、薩摩藩も長州藩も、大政奉還策にとりあえず賛成しておいて、裏では武力倒幕に向けて着々と準備を進めていた。その結果、朝廷から「討幕の密勅《みっちょく》」を出させることに成功し、それが偶然にも十月十三日に薩摩に下されていたのだ。

翌十四日には長州にも同様の密勅が下されたものの、肝心の幕府が政権を放棄してしまっては、「討幕」をしようにもすることができない。まさに間一髪のところで、倒幕派と幕府の武力衝突が回避されたのだった。

西郷吉之助らの武力倒幕推進派は、いわば肩すかしをくったような形になったが、まさかできないだろうと思われていた大政奉還が実現してしまったのだから、あきらめるしかなかった。

一方、龍馬のほうは、大仕事をやりとげたとはいえ、まだまだやるべきことが残っていた。次に龍馬が着手したのは、新しい政府の組織づくりだった。

天皇中心の新政権ができることになったといっても、朝廷の公卿たちだけで政治が行えるとはとても思えない。諸藩から有能な人材を集め、それらと朝廷との連立内閣的なものをつくらないと、国政は立ちゆかないのである。

そうした考えにもとづき、龍馬が三条家の戸田雅楽と相談して作成した職制案が、次の「新官制擬定書《しんかんせいぎていしょ》」だった。

関白
　三条実美（公卿）
内大臣
　徳川慶喜（徳川）
議奏
　有栖川宮熾仁親王（宮家）　仁和寺宮嘉彰親王（宮家）
　山階宮晃親王（宮家）　島津忠義（薩摩）
　毛利広封（長州）　松平春嶽（福井）

山内容堂（土佐）　鍋島閑叟（佐賀）
徳川慶勝（尾張）　伊達宗城（宇和島）
正親町三条実愛（公卿）
中御門経之（公卿）　中山忠能（公卿）

参議
岩倉具視（公卿）　東久世通禧（公卿）
大原重徳（公卿）　長岡良之助（熊本）
西郷吉之助（薩摩）　小松帯刀（薩摩）
大久保一蔵（薩摩）　木戸孝允（長州）
広沢兵助（長州）　横井小楠（熊本）
三岡八郎（福井）　後藤象二郎（土佐）
福岡藤次（土佐）　坂本龍馬（土佐）

倒幕に功績のあった諸藩の代表者や志士たちが、ほぼもれなく列挙された見事な職制案である。朝廷側と諸侯側のバランスもよく、それに徳川慶喜の名が重要なポストで入っているのも注目される。龍馬の意志が反映されたものだろう。

しかし、このなかで一つだけ龍馬の意志に反する部分があった。それは龍馬自身の名が、参議として記載されていることだった。おそらくは戸田の意向だったのだろうが、龍馬には入閣する気はまったくなかったため、この部分は削除されることになった。

数日後、完成した職制案を西郷吉之助が目にする機会があり、当然のことながら、案中に龍馬の名がないことに話がおよんだ。理由を西郷が尋ねると、龍馬はこのように答えたという。

「俺は役人がきらいなのだ。時刻どおりに家を出て、時刻どおりに帰宅するなどというのは、俺には耐えられないことだ。土佐がいかに小国といっても、役人にふさわしい者はほかにいくらでもいるだろう」

これを聞いた西郷が、

「では、官職につかずに何をなさる」

と問うと、龍馬は、ふと遠くを見るような目つきになって、こういった。

「そうだな。世界の海援隊でもやるかな――」

せまい日本で役人などをやるよりも、世界を相手に大きな仕事をしてみたい。龍馬の発想は、どこまでも広がっていくのだった。

「あのときの龍馬は、西郷よりずっと大きな人物に見えたよ」

同席していた海援隊士・陸奥元二郎（宗光）は、のちに外務大臣になってからも、よく他人にそう語ったという（千頭清臣『坂本龍馬』）。西郷もスケールの大きな男であったが、龍馬は、その西郷の想像を超える大きさを持った人物だったのである。

近江屋の凶刃

「新官制擬定書」を作成した龍馬は、そのあと十月末から十一月にかけて福井におもむき、福井藩士・三岡八郎《みつおかはちろう》（由利公正《ゆりきみまさ》）と会談をもった。

三岡は議定書のなかで参議に選ばれている人物だが、経済に通じていることで知られていた。それで龍馬は、新政府の財政問題について相談をもちかけたのだった。

別れ際に龍馬は、自分の写った写真を一枚、三岡に与えた。まだ写真がめずらしいころだったから、三岡はよろこび、京都での再会を約束して二人は別れた。

十一月五日に京都に戻った龍馬は、みずからの船中八策を土台にして、「新政府綱領八策」を作成した。新政府のとるべき政治方針を、八か条にまとめたものだった。

しかし、これをそのまま新政府が活用することはなかった。龍馬が草案をしたためてから、政府内部に周知するまでの時間が、あまりになさ過ぎたのである。

運命の慶応三年(一八六七)十一月十五日、それは突然に訪れた。

龍馬は京都では車道の酢屋を宿所にしていたが、一か月ほど前から河原町蛸薬師《たこやくし》の醤油商近江屋《おうみや》に移っていた。移転の理由はわかっていないが、海援隊士たちがたむろする酢屋とは別に、自分だけの隠れ家がほしかったのかもしれない。

近江屋では、主人新助をはじめとする家族のほか、元相撲取りの藤吉《とうきち》という者が下僕として龍馬の世話をしていた。十五日も、夕方になって、龍馬のいいつけで中岡慎太郎を寓居まで呼びにいっている。

中岡は、持論である武力倒幕がならなかったことを残念に思っていたが、無血革命をなしとげた龍馬の手腕もたいしたものだと思っていた。龍馬のほうも、それは同じだった。

「俺が、ことを中岡にはかると、その意見は往々にして一致しない。しかし、いま世間で中岡を除いては、ともに国家の前途を語るべき人物のないのも事実である」(千頭清臣『坂本龍馬』)

龍馬は日ごろからそういって、中岡こそが最も頼れる同志であると公言していたのだった。

この日も、新政府の抱えた諸問題について、二人は数時間、語り合っている。近江屋の二階奥の八畳間で、火鉢をはさんで頭を突き合わせていると、時刻はすでに午後九時ごろになっていた。

そのとき表に誰かやってきたので、玄関付近にいた藤吉が出てみると、客の一人は名刺を差し出して、こういった。

「拙者は松代藩の者だが、坂本先生に面会を願いたい」

藤吉は名刺を受け取ると、二階へ上がって龍馬にそれを見せた。そのあと、藤吉が部屋を出て、階下に降りてきたときのことだった。

刺客がいきなり刀を抜いて、藤吉に斬りつけた。都合六太刀もあびた藤吉は、その場で絶命し、刺客たちは二階への階段を上がった。

人数は七人。そのうち三人が二階に上がり、何気ないふうをよそおって龍馬に面会した。ちょうど龍馬は、藤吉から受け取った名刺を囲炉裏の火に照らしてながめていたところだったが、刺客の一人が声をかけた。

「坂本先生、しばらくです」

しかし、龍馬には見覚えがなかったので、「どなたでしたかね」と答えた。この時点まで刺客は、二人の男のうち、どちらが龍馬なのかわかっていなかったようで、返答をしたほうが龍馬だとはじめてさとったらしかった。

次の一瞬、刺客の凶刃が牙をむき、抜き打ちざまに龍馬の額を横にはらった。龍馬は気丈にも、床の間に置いてあった刀をとろうと身をひねったが、その背中に二の太刀が加えられた。

続けて振り下ろされた三の太刀を、龍馬は鞘のままの刀で受けとめたが、相手の力におされて、鞘を削られ、そのまま額を深々と割られてしまった。これが致命傷になったか、それとも最初の一撃が効いていたか――。

一方の中岡も、もう一人の刺客によって全身に数太刀斬りつけられ、反撃する間もなく倒された。こちらも頭部の傷がかなりの深手だった。

目的を達成したとみた刺客たちは、

「もうよい、もうよい」

との言葉を残して、その場を疾風のごとく去った。あとには、血まみれの龍馬と中岡が残された。

刺客が去ったあと、龍馬は気力をふりしぼって上体をあげ、刀を抜いて行灯《あんどん》の火に照らしながら、

「慎太、慎太、傷はどうだ、手は動くか」

と中岡に問いかけた。そして刀身に映った額の傷を見て、

「俺は深く頭をやられた。もういかん」

といって、龍馬は再びうつぶせに倒れた。そのまま、やがて息絶えた。

中岡のほうは、助けを呼ぼうとして裏の物干し台まではい出たが、そこで力尽きて動けなくなった。龍馬がほぼ即死であったのに対して、中岡はその後二日間は息があったが、結局再起できずに落命した。

龍馬の妻お龍は、このとき遠く離れた下関の伊藤家にいたため、海援隊の佐柳高次が悲報を知らせに走った。早馬で駆けつけた佐柳が、お龍の前に平伏して、

「姉さん」

といったきり顔をあげようとしないのを見て、お龍は龍馬の身に起きた変事をさとった

龍馬が襲われた近江屋（古写真）

という。

後日、行われた法事では、お龍は涙を見せまいとこらえていたが、はさみで自分の髪を切り取って龍馬の墓前にそなえたとき、ついに耐えきれなくなって、わっと泣き伏した。お龍にとって、龍馬との楽しい日々はあまりに短すぎたのかもしれなかった。

天翔る龍馬

龍馬が襲われたとき、最後の力をふりしぼって抜こうとした大刀は、陸奥守吉行という土佐の刀工の作った刀だった。

刀身の長さは二尺二寸（約六十七センチ）。晩年、龍馬は短い刀を好むようになったと伝わるとおり、定寸よりも短めになっている。実はこの吉行は、故郷の兄・権平から贈られたものだった。

この年の春、土佐を訪れた西郷吉之助に面会した権平は、龍馬に届けてほしいといって、吉行を託していた。土佐を離れて活躍する龍馬に、刀を贈って激励しようと思ったのに違いない。

受け取った龍馬は大よろこびで、六月二十四日付の権平あての手紙に、「このごろはいつも帯びています」とか、「兄の賜物だといって誇っています」などと書いていた。兄に認めてもらい、刀をプレゼントされたことが、よほど嬉しかったのだろう。

しかし、兄の思いのこもったその吉行も、悲痛なことに龍馬の命を救うことはできなかった。

遭難当日の龍馬の遺品の写真が、『雋傑坂本龍馬』（昭和二年刊）に掲載されているが、そこには無惨に割れた吉行の鞘のようすが写っている。龍馬が、刺客の斬撃を鞘のままで受け止めたことの証である。

そして、そのかたわらには一挺のピストル。スミス&ウエッソン二型といわれるものが、確かに置かれているのが見える。

龍馬はこの日、懐中にピストルを持っていたのだ。護身用にしのばせていたはずだったが、刺客の攻撃があまりに素早かったため、使う間もなかったのだろうか。

あるいは、龍馬に多少の油断があり、懐には入れていなかったのかもしれない。もし懐中にしていれば、床の間の大刀を取るよりも早く防御態勢がとれただろうから、残念なことだった。

このスミス&ウエッソン二型は、寺田屋で襲われたときのピストルとは別もので、特に入手方法は伝わっていない。ただ、龍馬は寺田屋以後、何挺かのピストルを購入してお り、お龍にも護身用に一挺持たせていた。

そこまでピストルという武器を重宝しておきながら、肝心のときに威力を発揮できなかったのは、かえすがえすも悔やまれることだった。

十一月二日に福井で面会したとき、龍馬から写真を一枚もらった三岡八郎。大切な写真であったから、いつも大事に懐に入れておいたという。

それが十五日、家老に呼ばれて出かけていき、帰宅する途中、橋の上から川に写真を落としてしまった。急いで下に降り、川の中を探したが、ついに見つからなかった。

三岡は不思議とそのことが気になって、

「なにか凶事があったのではないか」

と、龍馬の身を案じていたら、はたして二日後に近江屋の悲報が届いた。聞いてみると、写真を落としたちょうどその時刻に、龍馬が刺客の手にかかっていたことがわかり、愕然としたというのだった(『史談会速記録』)。

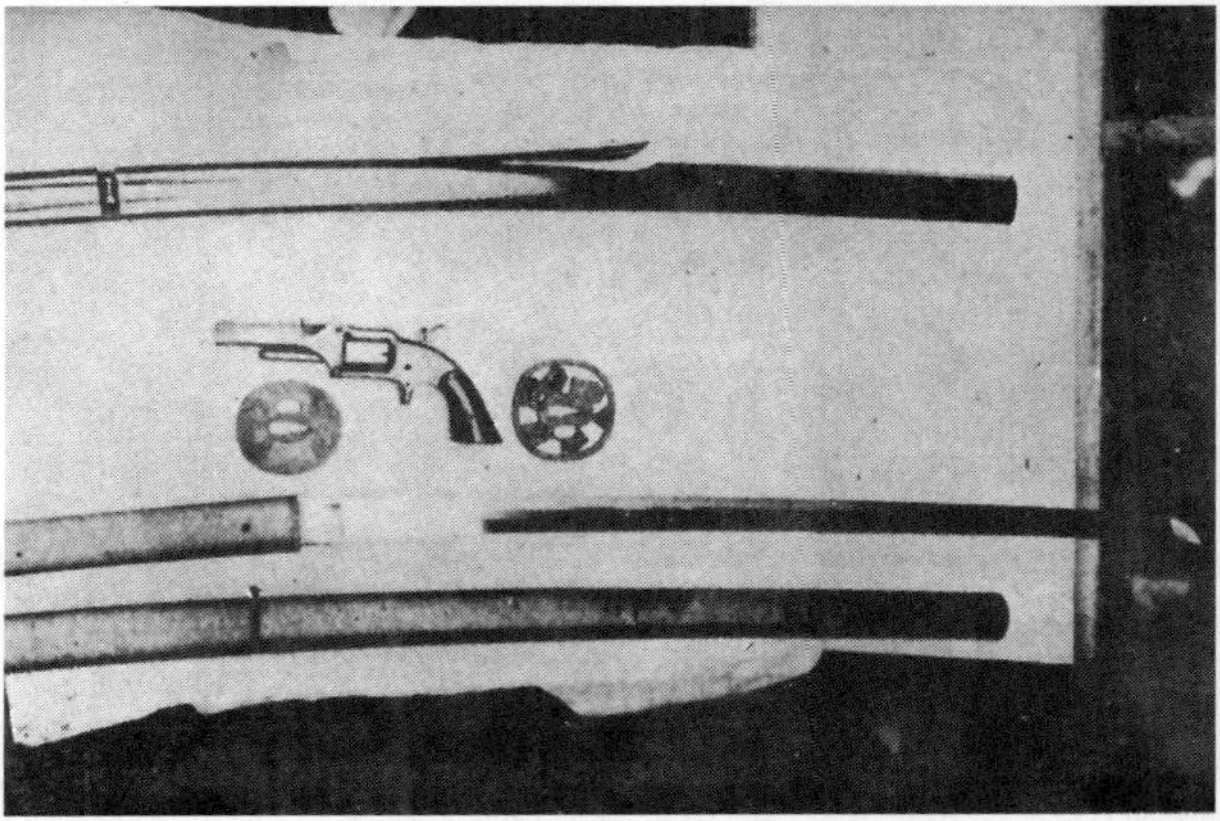

龍馬の遺品。無惨に割れた鞘とピストル

写真には魂が宿るというから、そういうこともあったかもしれない。龍馬が新政府のために欠かせない人材と見込んだ三岡であれば、なおさらありうる話である。

その後の三岡は、龍馬の残した新官制擬定書のとおり、新政府の参与（龍馬案では参議）に任じられ、金融財政面で力を尽くしている。また三岡は、新政府の基本方針である「五箇条の御誓文」の原文を起草し、そこには龍馬の思想が多く盛り込まれた。龍馬の魂は、確かに受け継がれていったのである。

近江屋で龍馬を手にかけた刺客が誰であったのかは、しばらくの間はわからなかった。はじめは幕府の新選組のしわざだとみな思ったが、調べてみると違うことが判明した。いろは丸事件で龍馬に煮え湯を飲まされた紀州藩もあやしまれたが、これもすぐに疑いは晴れている。

そのほかには、味方であるはずの薩摩藩があやしいという説が、一部でささやかれていた。あくまでも武力倒幕にこだわる薩摩藩にとっては、龍馬はすでに邪魔者になっており、凶行におよんだのではないかというものである。

しかし、薩摩藩のリーダーである西郷との関係を考えると、現実味に乏しい話といわざるをえない。なにしろ龍馬と西郷は、同じふんどしを共有しあったほどの仲だった。そういう相手を、はたして殺せるものかどうかということである。

刺客については、明治三年（一八七〇）になって、幕府方の京都見廻組の今井信郎《のぶお》らということがようやく判明した。

取り調べを受けた今井の供述では、刺客団は七人で、与頭《くみがしら》の佐々木唯三郎が現場の指揮をとり、近江屋の二階に上がって実行犯となったのは渡辺吉太郎、高橋安次郎、桂早之助の三人。残る今井と土肥仲蔵、桜井大三郎の三人は階下で待機していたものという。

事件はひとまず今井らの犯行ということで決着したものの、今井自身は見張り役であり、手を下してはいないと供述したことで、数年間の禁固刑にとどまった。あとの者は全員、その時点で戦死していたため罰することができず、龍馬暗殺事件はなんとも煮え切らない形で決着することになった。

本当の刺客が誰であったのか、いまだにあれこれ取り沙汰されるのも、そのあたりが不明瞭なせいであるだろう。

もっとも、龍馬自身は、いつ、誰の手にかかろうとも、悔いのないように生きることを心がけていた。

生前、よく口にしていたと伝わる言葉がある。

「命は天にあり。殺されれば、それまでのこと」(千頭清臣『坂本龍馬』)。

人間、どうせ死ぬときはやってくるのだから、生死をいちいち気にすることなく、目標に向かってひたすら前向きに進めということだった。龍馬は、まさにその言葉のとおりに生き、そして天に還っていった。

幕末という時代を、雄々しく生きた龍馬。

天翔る龍から名をいただき、その名のとおりに天を翔け、地に潜り、雲間に躍るがごとき活躍を見せ、また天高く昇っていった龍馬。

日本の未来をいつも気にかけていた龍馬は、いまもあの雲の上から、この国の行く末を見つめているのだろうか。

坂本龍馬年譜

天保6年（1835）**1歳**

11月15日 郷士坂本八平の二男として、高知城下に生まれる。

弘化3年（1846）**12歳**

6月10日 母・幸、没する。この年、楠山塾に入門するが、すぐに退塾。

嘉永元年（1848）**14歳**

この年、城下築屋敷の日根野弁治道場に入門し、小栗流剣術を学び始める。

嘉永6年（1853）**19歳**

3月「小栗流和兵法事目録」を授けられる。

3月17日 剣術修行のため、高知を出立して江戸へ向かう。

4月中旬 江戸築地の土佐藩中屋敷に入り、北辰一刀流千葉定吉道場に入門する。

12月1日 佐久間象山に入門し、西洋砲術を学ぶ。

安政元年（１８５４）**20歳**

6月23日 剣術修行の期間終了し、土佐に帰国する。

11月頃 河田小龍を訪ね、海外事情を聞く。

安政２年（１８５５）**21歳**

12月4日 父・八平、没する。

安政３年（１８５６）**22歳**

8月20日 再び剣術修行のため、高知を出立する。

安政５年（１８５８）**24歳**

1月「北辰一刀流長刀兵法目録」を授けられる。

9月3日 剣術修行期間を終え、帰国。

安政６年（１８５９）**25歳**

9月20日 徳弘孝蔵に入門して西洋砲術を学ぶ。

坂本龍馬年譜

文久元年（1861）**27歳**

3月3日 井口村永福寺門前で、上士対郷士の刃傷事件がおこる。

9月 土佐勤王党に血判加盟する。

10月「小栗流和兵法三箇条」を授けられる。

文久2年（1862）**28歳**

1月15日 長州萩城下にて、久坂玄瑞と対面する。

3月24日 沢村惣之丞とともに土佐を脱藩する。

8月 江戸に下り、千葉定吉道場に寄宿する。

11月12日 久坂玄瑞らと一酌する。

12月5日 間崎哲馬、近藤長次郎とともに、政事総裁職・松平春嶽に拝謁する。

12月9日 軍艦奉行並・勝海舟を訪ね、同志とともに入門する。

12月29日 兵庫の海舟の宿所を千葉重太郎とともに訪れる。

文久3年（1863）**29歳**

1月8日　望月亀弥太、高松太郎、千屋虎之助を海舟に入門させる。
2月25日　勝海舟の尽力により脱藩罪を赦される。
4月2日　沢村惣之丞らとともに大久保一翁と対面する。
5月16日　海軍塾の資金援助を願い出るため、福井の松平春嶽のもとへ向かう。
10月　海軍塾の塾頭になる。
12月　土佐召還に応じず、再び脱藩の身となる。

元治元年（1864）**30歳**

2月20日　熊本で横井小楠と対面する。
5月　この頃、京都でお龍と出会う。
6月5日　池田屋事件で同志が討たれ、蝦夷地開拓計画が挫折する。
8月　京都の薩摩藩邸で西郷吉之助と会見。この頃、お龍を伏見寺田屋に預ける。
10月　勝海舟の失脚により、同志とともに薩摩藩に保護される。

慶応元年（1865）31歳

4月5日 土方久元と会談し、薩長和解策を打ち明けられる。
5月1日 西郷吉之助に伴われて薩摩入りし、西郷邸に滞在する。
5月下旬 太宰府で三条実美ら五卿に拝謁する。
5月 この頃、長崎に亀山社中を結成する。
閏5月6日 桂小五郎と会談し、薩長和解を説く。
閏5月21日 下関に着いた中岡慎太郎から、西郷の招致の失敗を聞く。
6月8日 中岡とともに京都の薩摩藩邸に入り、西郷と会談。薩摩藩名義での長州藩の武器・軍艦の購入を依頼する。
10月4日 長州藩士・広沢兵助らと会談し、薩摩藩への兵糧米の寄進を説く。
12月上旬 長州藩海軍局の中島四郎と会談し、桜島丸新条約を締結する。

慶応2年（1866）32歳

1月1日 長府藩士・三吉慎蔵を紹介される。
1月19日 新選組の警戒網を潜り抜け、伏見寺田屋に入る。
1月20日 京都の薩摩藩邸に至り、桂と西郷に対して薩長和解を説得する。
1月22日 薩長同盟が締結される。
1月23日 深夜、潜伏中の寺田屋を伏見奉行所の捕方に包囲されるが、脱出に成功する。
2月5日 桂の求めにより薩長同盟文書に裏書きをし、同盟の保証人となる。
3月5日 薩摩藩船三邦丸で大坂を出航、お龍との新婚旅行となる。
3月10日 薩摩に到着。以後4月12日までの間、お龍とともに温泉湯治や登山を楽しむ。
6月14日 下関に着き、桂小五郎と対面。薩摩が受け取りを辞退した兵糧米を亀山社中に貰い受ける。

6月17日 下関海峡の海戦にユニオン号の船将として参戦し、長州軍を応援する。
11月下旬 薩摩藩士・五代才助と長州藩士・広沢兵助を説き、下関に両藩合弁の商社の設立を計画する。

慶応3年（1867）33歳

1月中旬 長崎清風亭にて土佐藩参政・後藤象二郎と会談する。
2月 土佐藩から脱藩罪を許される。
4月上旬 亀山社中が改編された海援隊の隊長となる。
4月19日 土佐商会に対して海援隊士一人あたり五両の月給を要求し、百五十両を受け取る。この日、大洲藩船いろは丸に乗り組み、長崎を出航。
4月23日 瀬戸内海を航行中のいろは丸、鞆の浦沖で紀州藩船明光丸と衝突し沈没する。
5月29日 いろは丸衝突事件、紀州藩側が八万三千両の賠償金を支払うことで決着する。

6月9日　後藤象二郎とともに土佐藩船夕顔丸で長崎を出航し、船中八策を語る。
6月14日　京都に入り、河原町三条の酢屋に寄宿する。
6月22日　薩土盟約の締結に立ち会う。
7月6日　長崎でイカルス号水夫殺害事件が起こり、海援隊に嫌疑がかかる。
9月10日　イカルス号水夫殺害事件が解決する。
9月28日　脱藩以来初めて高知城下の実家に帰る。
10月9日　京都に入り、酢屋に寄宿する。
10月14日　大政奉還が朝廷に上表され、悲願の無血革命がなる。
10月16日　戸田雅楽と協議し、「新官制擬定書」を作成する。
10月24日　岡本健三郎とともに京都を出立し、越前福井へ向かう。
11月2日　三岡八郎に面会する。
11月5日　京都に帰着し、酢屋に寄宿。のちに河原町蛸薬師の近江屋に移る。

11月上旬「新政府綱領八策」を作成する。

11月15日 近江屋の二階座敷で、中岡慎太郎とともに刺客に襲われ、絶命する。

11月17日 京都東山の霊山に埋葬される。

【主要参考文献】

『坂本龍馬全集』平尾道雄監修・宮地佐一郎編　光風社出版
『坂本龍馬日記』菊地明・山村竜也編　新人物往来社
『汗血千里駒』坂崎紫瀾　春陽堂
『阪本龍馬』弘松宣枝　民友社
『維新土佐勤王史』瑞山会編　冨山房
『坂本龍馬』千頭清臣　博文館
『雋傑坂本龍馬』坂本中岡銅像建設会編　象山社
『坂本龍馬関係文書』日本史籍協会編　東京大学出版会
『坂本龍馬海援隊始末記』平尾道雄　中公文庫
『坂本龍馬大事典』新人物往来社編　新人物往来社

本作品は二〇〇九年十一月にNHK出版より刊行された
『天翔る龍　坂本龍馬伝』を改題・修正し、文庫にしたものです。

一〇〇字書評

切り取り線

購買動機（新聞、雑誌名を記入するか、あるいは○をつけてください）	
□（　　　　　　　　　　　　）の広告を見て	
□（　　　　　　　　　　　　）の書評を見て	
□ 知人のすすめで	□ タイトルに惹かれて
□ カバーがよかったから	□ 内容が面白そうだから
□ 好きな作家だから	□ 好きな分野の本だから

●最近、最も感銘を受けた作品名をお書きください

●あなたのお好きな作家名をお書きください

●その他、ご要望がありましたらお書きください

住所	〒				
氏名		職業		年齢	
新刊情報等のパソコンメール配信を 希望する・しない	Eメール	※携帯には配信できません			

あなたにお願い

この本の感想を、編集部までお寄せいただけたらありがたく存じます。今後の企画の参考にさせていただきます。Eメールでも結構です。

いただいた「一〇〇字書評」は、新聞・雑誌等に紹介させていただくことがあります。その場合はお礼として特製図書カードを差し上げます。

前ページの原稿用紙に書評をお書きの上、切り取り、左記までお送り下さい。宛先の住所は不要です。

なお、ご記入いただいたお名前、ご住所等は、書評紹介の事前了解、謝礼のお届けのためだけに利用し、そのほかの目的のために利用することはありません。

〒一〇一-八七〇一
祥伝社黄金文庫編集長　栗原和子
☎〇三（三二六五）二〇八四
ohgon@shodensha.co.jp

祥伝社ホームページの「ブックレビュー」
www.shodensha.co.jp/bookreview
からも、書けるようになりました。

祥伝社黄金文庫

世《せ》界一《かいいち》よくわかる坂本龍馬《さかもとりようま》

平成30年6月20日　初版第1刷発行
令和5年6月10日　第2刷発行

著者　山村《やまむら》　竜也《たつや》
発行者　辻 浩明
発行所　祥伝社《しようでんしや》
〒101－8701
東京都千代田区神田神保町3－3
電話　03（3265）2084（編集部）
電話　03（3265）2081（販売部）
電話　03（3265）3622（業務部）
www.shodensha.co.jp

印刷所　堀内印刷
製本所　ナショナル製本

　ISBN978-4-396-31736-2 C0121